böhlau

Markus Böggemann (Hg.)

Antonio Salieri

Neuentdeckung eines Verkannten

Ein Lesebuch

Gedruckt mit Unterstützung des Instituts für Musikwissenschaft und Interpretationsforschung der Universität für Musik und darstellende Kunst Wien
und der Stadt Wien

Bibliografische Information der Deutschen Nationalbibliothek:
Die Deutsche Nationalbibliothek verzeichnet diese Publikation in der
Deutschen Nationalbibliografie; detaillierte bibliografische Daten sind
im Internet über https://portal.dnb.de abrufbar.

© 2025 Böhlau, Zeltgasse 1, A-1080 Wien, ein Imprint der Brill-Gruppe
(Koninklijke Brill BV, Leiden, Niederlande; Brill USA Inc., Boston MA, USA;
Brill Asia Pte Ltd, Singapore; Brill Deutschland GmbH, Paderborn, Deutschland;
Brill Österreich GmbH, Wien, Österreich)
Koninklijke Brill BV umfasst die Imprints Brill, Brill Nijhoff, Brill Schöningh, Brill
Fink, Brill mentis, Brill Wageningen Academic, Vandenhoeck & Ruprecht, Böhlau und
V&R unipress.

Umschlagabbildung: Antonio Salieri, ÖNB/Wien PORT_00154575_01

Einbandgestaltung: Michael Haderer, Wien
Lektorat: Cora Engel, Wien
Satz: Bettina Waringer, Wien
Druck und Bindung: Finidr, Český Těšín
Gedruckt auf chlor- und säurefreiem Papier
Printed in the EU

Vandenhoeck & Ruprecht Verlage | www.vandenhoeck-ruprecht-verlage.com
E-Mail: info@boehlau-verlag.com

ISBN (print): 978-3-205-22211-8
ISBN (digital): 978-3-205-22212-5

Inhalt

Jürgen Partaj
Vorwort 7

Tina Breckwoldt
Antonio Salieri – Biographisches 9

Benedikt Lodes
Für Gott und den Kaiser
Salieris liturgische Musik 27

Christoph Ulrich Meier
Übernahmen und Anspielungen bei Salieri, Mozart
und Da Ponte oder: Così fan tutti 43

Judith Kopecky
„… zudem gesellte sich noch ihre sonore Stimme,
ihr Gefühl anregender Vortrag, und ihr
meisterhafter Gesang …"
Antonio Salieri als Gesangslehrer 61

Markus Böggemann
Übermut, orchestral
Salieris *26 Variationen über „La Folia di Spagna"* 77

Patrick Boenke
Salieri als Kompositionslehrer 91

Scott L. Edwards
Salieri als Migrant 103

Markus Böggemann
Salieri, erinnert
Vier Vignetten zum Schluss 121

Abbildungsnachweis 131
Weiterführende Literatur 133
Anmerkungen 135
Biographien der Autor:innen 145
Personenregister 147

Jürgen Partaj

Vorwort

Am 7. Mai 1825 starb Antonio Salieri in Wien. Wer war Antonio Salieri? Die wenigsten Menschen kennen diesen Namen – und selbst sie haben oft eine Fehlvorstellung vom Leben und Wirken dieser Persönlichkeit. Das Salieri-Jahr 2025 gibt uns die besondere Chance, daran etwas zu ändern.

Ausgehend von Antonio Salieris wesentlicher Rolle in der Wiener Hofmusikkapelle habe ich mich vor Jahren auf Spurensuche begeben – und die Spuren von Salieri sind zahlreich in Wien, in Österreich, in Europa! Aus der Spurensuche entwickelte sich eine Schatzsuche, die dazu geführt hat, dass ich zahlreiche Institutionen und Ensembles dafür gewinnen konnte, im Jahr 2025 das Augenmerk auf Salieri zu richten und somit gemeinsam diese (musikalischen) Schätze zu heben.

200 Jahre nach dem Tod von Antonio Salieri wird das Jahr 2025 vielen Menschen die Möglichkeit einer Erstbegegnung mit Antonio Salieri bieten und Kenner:innen zu einer Neubetrachtung dieser so wesentlichen Persönlichkeit des europäischen Kulturlebens anregen. Es wird zahlreiche Veranstaltungen mit einem Fokus auf Salieri geben von niederschwellig bis zu Expert:innen-Niveau, von Tradition bis Innovation, von Darbietungen in historisch informierter Aufführungspraxis bis hin zu ganz neuen Denkansätzen und Auftragswerken in Bezug auf den Menschen, Komponisten und Pädagogen Salieri. Viele Bevölkerungskreise bekommen damit die Chance, sich vom Kosmos Salieri begeistern zu lassen.

Doch das Salieri-Jahr wäre unvollständig geblieben, wenn es sich nur auf Veranstaltungen reduziert hätte. Mein großer Dank gebührt deshalb Waltraud Moritz vom Böhlau Verlag und Markus Böggemann als Herausgeber, dass sie den ‚Salieri-Ball' aufgenommen und dieses Salieri-Lesebuch ermöglicht haben. Ich danke herzlich allen Autor:innen für ihre Beiträge, in denen sie darlegen, welch hervorragender Komponist und Pädagoge Antonio Salieri war und welch wichtige und nachhaltige Rolle er für das Ökosystem der damaligen Musikszene gespielt hat. Wissenschaftlich fundiert und dennoch auch für Nicht-Expert:innen verständlich tragen die Autor:innen wesentlich dazu bei, Salieri ins rechte Licht zu rücken, und bereichern uns mit vielen neuen Einblicken in das Leben und Wirken dieser so bedeutenden historischen Persönlichkeit. Ich freue mich sehr, dass mit diesem Buch ein wichtiger Baustein im Salieri-Jahr 2025 gelungen ist.

Liebe Leserinnen und Leser, lassen Sie sich auf Antonio Salieri ein – Sie werden begeistert sein!

Jürgen Partaj

Intendant des Salieri-Jahres 2025
Direktor der Wiener Hofmusikkapelle

Tina Breckwoldt

Antonio Salieri – Biographisches

Salieri war von mehr kleinem als großem Wuchse, weder fett noch mager, hatte bräunliche Farbe, lebhafte Augen, schwarzes Haar, war von colerischem Temperamente, leicht aufbrausend, konnte aber, wie Horaz, von sich sagen: tamen ut placabilis essem; Ueberlegung nahm jederzeit schnell den Platz des Zornes ein. […] Er sprach gern, am liebsten von seiner Kunst, über welches Kapitel er unerschöpflich war. Müssiggang eckelte ihn an; Unglauben war ihm ein Gräuel […] Bescheidenes Lob machte ihm Vergnügen; übertriebenes quälte ihn. Von Zeit zu Zeit überfiel ihn eine Traurigkeit, von der er sich nicht Rechenschaft zu geben wußte, und er weinte dann, ohne sich einer Ursache dazu bewußt zu seyn. […] Gewöhnlich aber war er munter und lebhaft; seine Gefälligkeit, seine frohe Laune, sein heiterer, nie beleidigender Witz machten ihn zum angenehmsten Gesellschafter.[1]

Soweit Ignaz von Mosel, Vizedirektor der Hoftheater, später auch der Hofbibliothek, Komponist, Dirigent und aufrichtiger Bewunderer Salieris: der Mann, den Salieri sich als Biographen ausgesucht hat – aber bitte erst posthum. Nach Salieris Tod erhält Mosel ein Bündel Papiere mit Daten und Anekdoten, größtenteils auf Italienisch – nicht genug für eine Biographie und nicht alles öffentlichkeitstauglich. Mosel behilft sich: Sein Salieri-Buch ist vor allem eine Auseinandersetzung mit Salieris Opern.

Antonio Salieri kommt am 18. August 1750 in Legnago zur Welt, einer Kleinstadt in der Republik Venedig. Er ist das achte Kind des Kaufmanns Antonio Salieri und dessen zweiter Frau Anna Maria. Die Familie ist gut situiert, die Kinder können die Lateinschule besuchen. Bei seinem Bruder Francesco lernt Antonio Violine, Cembalo und Gesang. Zusätzlich erhält er Unterricht beim Domorganisten von Legnago, Giuseppe Simoni, seinerseits Schüler des berühmten Padre Martini. Als die Mutter stirbt, ist der Junge gerade zwölf Jahre alt. Ein Jahr später ist auch der Vater tot; die Geschwister stehen vor dem Nichts. Antonio landet zunächst bei seinem Bruder Pietro, Franziskanermönch in Padua. Anfang 1766 kommt der Junge nach Venedig zu Giovanni Mocenigo. Die Mocenigos sind eine der vornehmsten Familien der Lagunenstadt; gerade ist einer von ihnen Doge – Alvise Mocenigo IV. Antonio lernt Violine und Komposition bei Giovanni Pescetti, zusätzlich nimmt er Gesangsstunden bei Ferdinando Pacini, einem Tenor. Zu dieser Zeit ist der k. k. Hofcompositor Florian Leopold Gassmann in der Stadt, um die Produktion seiner Oper *Achille in Sciro* zu betreuen; Pacini singt dort mit. Antonio – wohl in Pacinis Schlepptau – wird dem 20 Jahre älteren Hofkomponisten aus Wien vorgestellt. Gassmann hat seine Freude an dem begabten Jungen; vielleicht fühlt er sich an seine eigene Jugend erinnert: Auch er war als Jugendlicher auf sich gestellt. An Christi Himmelfahrt wird *Achille in Sciro* uraufgeführt. Im Anschluss fragt Gassmann, ob er Antonio mit nach Wien nehmen dürfe – so kommt Salieri am 15. Juni 1766 in der Kaiserstadt an.

Florian Leopold Gassmann wird eine Art Ersatzvater für Salieri. Er bietet ihm nicht nur ein Zuhause, sondern auch einen ausgeklügelten Stundenplan: Ein italienischer Priester unterrichtet Salieri in Latein und italienischer Dichtung. Der Komponist Jan Antonín Koželuh erteilt ihm Unterricht in Geige und Generalbass; zusätzlich lernt Salieri Französisch und Deutsch. Gassmann selbst studiert mit ihm Kontrapunkt. Wenn er nicht Theorie büffelt, korrepetiert Salieri bei den Proben in der italienischen Oper. Mit einem irreparabel verstimmten Spinett macht er kurzen Prozess: Er springt hinein und sorgt so dafür, dass ein neues Instrument angeschafft werden muss.

Abb. 1: Florian Leopold Gassmann. Kupferstich von Karl Anton Hickel (Zeichner) und Johann Heinrich Balzer (Stecher)

Gleich zu Beginn von Salieris Wiener Zeit stellt Gassmann seinen Schützling dem Kaiser vor, im Rahmen einer Kammermusik. Sie musizieren aus *Alcide al bivio* (Herkules am Scheideweg), einer Oper von Johann Adolf Hasse. Salieri singt die Altpartie der Chöre und einige Arien, alles vom Blatt. Er macht das so gut, dass der Kaiser Gassmann auffordert, Salieri in Zukunft zu den Kammerkonzerten mitzubringen; von da an musiziert der Jüngling dreimal in der Woche bei Hof.[2]

Wien ist zu dieser Zeit ein richtiges Künstler-Mekka. Salieri wird Christoph Willibald Gluck vorgestellt – Gluck gilt als Reformer, er will weg von sängerischer Effekthascherei; die Musik soll die Handlung unterstützen. Auch Pietro Metastasio lernt Salieri kennen – den Mann, der für die meisten zeitgenössischen Libretti verantwortlich ist. Der Hofdichter hält jeden Sonntagvormittag eine Art Salon: Wer kann, macht ihm den Hof. Mit Salieri übt Metastasio Poesie: Er lässt ihn aus seinen Libretti deklamieren – eine „überaus nützliche Schule" und nach Metastasios Ansicht für jeden, der „sich zum Gesang-Componisten bilden will, unumgänglich nöthig".[3]

Ein Gesangskomponist ist Salieri ohne Zweifel: 1769, während Gassmann auf Dienstreise ist, dirigiert der 19-Jährige die Opernproben in Wien. In dieser Zeit entsteht seine erste eigene Oper. Salieri beschreibt den Schöpfungsprozess selbst:

> Gaston Boccherini, ein Tänzer des Wiener Operntheaters, [...] hatte unter Beihülfe des Herrn von Calzabigi [...] eine komische italienische Oper, unter dem Titel: *Le donne letterate*, geschrieben, die er dem Kapellmeister Gaßmann bestimmte. Calzabigi rieth ihm, sie lieber mir anzuvertrauen, der, ein Anfänger in der Composition, wie er in der Dichtkunst, sich leichter mit ihm einverstehen würde. Boccherini kam daher eines Morgens zu mir, und fragte mich nach der ersten Begrüßung, ohne weitere Einleitung: Wollten Sie wohl ein von mir verfaßtes komisches Operngedicht in Musik setzen? [...] Aha! dachte ich, man hält dich also schon fähig, Opern zu componiren! Nur Muth! [...] Ich bat daher den Dichter mit großer Ungeduld, mir den Stoff seiner Oper mitzutheilen und das Gedicht selbst vorzulegen. [...] Als ich allein war, sperrte ich mich ein, und mit entflammten Wangen [...] durchlas ich das Gedicht von Neuem, fand es für die Musik allerdings günstig, und [...] bestimmte [...] für's Erste, wie ich von meinem Meister gesehen hatte, die dem Character eines jeden Gesangstückes entsprechende Tonart. [...] So bald ich mich allein sah, befiel mich ein unwiderstehliches Verlangen, die Introduction der Oper in Musik zu setzen. Ich suchte mir daher den Character und die Situation der Personen recht lebhaft vor Augen zu stellen, und plötzlich fand ich eine Bewegung des Orchesters, die mir den, dem Texte nach zerstückten Gesang des Tonstückes angemessen zu tragen und zu verbinden schien. Ich versetzte mich nun im Geiste in das Parterre, hörte meine Ideen ausführen; sie schienen mir characteristisch; ich schrieb sie auf, prüfte sie nochmal, und da ich damit zufrieden war, fuhr ich weiter fort. So stand in einer halben Stunde der Entwurf der Introduction auf dem Notenblatte. Wer war vergnügter als ich![4]

Von nun an denkt, schreibt, isst, schläft und träumt Salieri *Le donne letterate*, wie besessen, und Boccherini ist selig. Salieri will mit der Premiere warten, bis Gassmann aus Italien zurück ist, aber der Wiener Opernbetrieb will es anders. Eine durchgefallene Oper muss ersetzt werden, und Salieri wird zu einer Probe in die Wohnung des Intendanten bestellt; zu seiner Überraschung sind dort auch die Komponisten Gluck und Giuseppe Scarlatti anwesend. Die Profis sind sich einig: Man könne „die Oper unverzüglich einstudieren und aufführen", denn, so Gluck, „das Werk enthält, was hinreicht, dem Publikum Vergnügen zu machen."[5] Darum geht es.

Salieri überwacht das Kopieren der Stimmen, probt mit den Sängern, dem Ensemble, korrigiert, besorgt „Decorationen und Costüms" und lebt „in so unausgesetzter Anstrengung des Geistes und Körpers, daß, wenn Studium, Mühe und Schweiß mich nicht auf das Krankenlager warfen, ich nur glauben kann, die Freude habe mir als Verwahrungsmittel dagegen gedient."[6] Das Adrenalin trägt Salieri durch die gesamte Vorbereitung; er wird nicht krank. Am Tag der Generalprobe stürzt er bei Tagesanbruch aus dem Haus, um „meinen Namen zum ersten Male gedruckt zu lesen".[7] Unmittelbar vor der Aufführung verpufft die Euphorie: „[E]ine Gluth stieg mir in's Gesicht, die mich wie Scharlach röthete; so ging ich, unsichern Trittes, an's Clavier." Er dirigiert selbst, irgendwie steht er den Abend durch. Den Applaus ordnet er selbstkritisch ein: „[Die Oper] erntete vielen Beifall; gewiß aber mehr, um die jungen angehenden Autoren […] aufzumuntern, als wegen des Werthes der Oper selbst."[8]

Als Gassmann wieder in Wien ist, will Joseph II. unbedingt wissen, was der Meister von der Arbeit des Schülers hält. Er lässt *Le donne letterate* eigens in einer Kammermusik spielen und ist hochzufrieden, als Gassmann „nicht nur keinen bedeutenden Fehler in den Elementen der Composition zu rügen fand, sondern vielmehr mit der Führung eines jeden einzelnen Stückes, mit den musikalischen Ideen, mit dem Character der Musik im Allgemeinen, und mit ihrem Verhältnisse zu dem Stoffe der Oper insbesondere, ungemein zufrieden war."[9] Es ist der Beginn einer großen Karriere.

Salieri komponiert in einem heute unvorstellbaren Tempo und nach Maß. Mindestens 39 komplette Opern stehen zu Buche, komische, dramatische, lyrische, tragische, auf Italienisch, Französisch oder Deutsch. Das Schreiben fällt ihm leicht: Salieri ist Praktiker, auch mit einer mittelmäßigen Vorlage wird er fertig, und immer nimmt er Rücksicht auf die stimmlichen Fähigkeiten der jeweiligen Besetzung. Erfolg oder Misserfolg einer Produktion hängen nicht zuletzt von den singenden Stars ab.

1772 wird Salieris Mentor Hofkapellmeister. Gassmann stürzt sich in die Arbeit. Es gilt, die Kapelle nach einem gescheiterten Privatisierungsversuch Maria Theresias wieder aufzubauen; Salieri erlebt den mühsamen Prozess sicher hautnah mit. Viel Zeit bleibt Gassmann nicht; sein früher Tod Anfang 1774 – die Spätfolge eines Kutschenunfalls – trifft Salieri schwer. Während Giuseppe Bonno mit 63 Jahren Hofkapellmeister wird, erbt der noch nicht 24-jährige Salieri die Posten als Hofkomponist und Kapellmeister der italienischen Oper.

1781 verlangt Kaiser Joseph ein deutsches Singspiel; Salieri komponiert den *Rauchfangkehrer*. Das Libretto stammt von Leopold Auenbrugger, einem Arzt, dessen Töchter Salieris Gesangsschülerinnen sind. Der Text ist voller Anspielungen auf das Wiener Musikleben. Der Titelheld ist ein radebrechender Italiener, der sich als Musiklehrer ausgibt, eine Persiflage auf Salieri selbst; der kann offensichtlich über sich lachen. Das Libretto wird verrissen, aber die Musik kommt gut an, und das Stück wird immer wieder gespielt, nicht nur in Wien. Wolfgang Amadeus Mozart kauft sich 1783 eine Partitur; in seiner *Entführung aus dem Serail* finden sich deutliche Spuren des Kaminkehrers.[10]

1784 gibt es einen Auftrag via Gluck, eine Oper für Paris: *Les Danaïdes*. Gluck laboriert an den Folgen eines Schlaganfalls und kann nicht arbeiten. Um den Auftrag nicht zu gefährden, lässt er Paris in dem Glauben, er schreibe die Oper selbst. Als durchsickert, dass Salieri involviert ist, heißt es zunächst, Salieri assistiere, dann, dass die ersten beiden Akte von Gluck, der dritte von Salieri seien – dabei hat die Oper fünf Akte. Noch bei der Uraufführung finden sich beide Namen auf den Theaterzetteln. *Les Danaïdes* ist eine durchkomponierte, hochdramatische Oper – mit einer Massenhochzeit und einem Massaker

Abb. 2: Schattenriss von Salieri, noch mit Zopfperücke. Undatierter Kupferstich von Hieronymus Löschenkohl

kommt dem Chor eine tragende Rolle zu. Die Schlussszene zeigt die Danaiden in der Hölle, schreiend; die Premiere endet mit einem Feuerregen. Das Ganze hat etwas von Hollywood, es ist ein Triumph. Tage später veröffentlicht das *Journal de Paris* einen Brief von Gluck, in dem er klarstellt, dass Salieri der alleinige Komponist der Oper ist.[11]

Zwei Jahre nach diesem Erfolg bekommt Salieri zwei weitere Opernaufträge aus Paris: *Les Horaces* behandelt einen Stoff aus der römischen Antike; es geht um den blutigen Konflikt zwischen den Horatiern und den Curatiern. Der zweite Auftrag, *Tarare*, verspricht eine Zusammenarbeit mit dem berühmten Beaumarchais, den die Zeitgenossen für seinen *Figaro* lieben. Die Premiere von *Les Horaces* geht am 7. Dezember 1786 über die Bühne; es ist ein grandioser Flop mit Buhrufen und Gelächter, vielleicht ausgehend von einer langgezogenen ersten Silbe in „Cu-raciers". Die Zeitgenossen hören nur das gleichlautende „cul" (Arsch).[12] Joseph II. schreibt an seinen Botschafter in Paris:

> Ich ärgere mich über den Misserfolg [...] von Salieris Oper; er kann zwar manchmal etwas zu barock sein, wenn er einen bestimmten Ausdruck in der Musik sucht, aber ich hätte niemals gedacht, dass der Name der Helden des Stückes, nämlich der Curatier, seiner Komposition schaden und dass man sich über die erste Silbe eines Eigennamens lustig machen könnte, den weder er noch der Dichter sich ausgedacht haben, sondern der ein so bekannter Name aus der Geschichte ist. Vielleicht hat er mehr Erfolg mit der Oper von Beaumarchais.[13]

Salieri seinerseits steckt die Schlappe professionell weg. Vielleicht tröstet ihn Beaumarchais' Aussage, *Les Horaces* seien eben „etwas zu streng" für Paris.[14]

Während der monatelangen Arbeit an *Tarare* wohnt Salieri bei Beaumarchais. Salieri ist ein idealer Mitarbeiter; er stellt die Musik völlig uneitel in den Dienst des Dramas. Gleichzeitig rührt Beaumarchais unermüdlich die Werbetrommel, er sorgt dafür, dass *Tarare* Gesprächsthema bleibt. Man hört, dass es um einen Tyrannen geht, der von einem einfachen Soldaten abgesetzt wird, man munkelt, dass bekannte Zeitgenossen persifliert werden, und es soll Szenen in einem Harem geben – perfekte Zutaten für eine Sensation. Der Stoff selbst ist pseudo-orientalisch, dabei hochpolitisch und trifft – kurz vor der Französischen Revolution – den Nerv der Zeit. Der Name der Oper ist der Name des Helden: „Tarare" ist gleichzeitig ein französisches Wort für eine Windfege,[15] ein landwirtschaftliches Gerät, mit dem Wind erzeugt wird, um Getreide zu reinigen; die Silbe „tar" imitiert dabei das höllische Geräusch, das die Maschine erzeugt, und um höllischen Lärm geht es Beaumarchais. Tarare ist die perfekte Metapher. Für ihn ist es *die* Revolutionsoper. Am Tag der Premiere müssen die Straßen um die Oper wegen des großen Andrangs gesperrt werden. *Tarare* macht Furore: Es gibt sogar Merchandise à la Tarare, Tabaksdosen und Fächer. Paris steht Kopf.

Joseph II. freut sich über den Erfolg seines Komponisten in der Stadt, in der seine Schwester Marie Antoinette – noch – Königin ist; es ist auch sein Erfolg. Der Reformkaiser versteht die Botschaft, die Absage an den Adel sehr wohl: Er erteilt Salieri ganz bewusst den Auftrag, eine italienische Fassung zu schreiben, das Libretto besorgt Lorenzo Da Ponte. So entsteht 1788 die Oper *Axur, re d'Ormus* – für Wien politisch entschärft.

Der ‚deutsche' Italiener[16]

Wäre da nicht die Französische Revolution, wäre Salieri wohl wieder nach Paris gefahren. So bleibt er in Wien. Als Hofkapellmeister Bonno 1788 stirbt, wird Salieri sein Nachfolger. Es ist die logische Fortsetzung seiner Laufbahn. Hofkapellmeister am Kaiserhof ist der Traumjob für einen Musiker im Wien Josephs II., gewissermaßen der Olymp. Neben Einkommen und Status bringt der Posten großen Einfluss mit sich – allerdings auch einiges an Verwaltung. Dazu gehört die Auswahl der Musik für alle höfischen Anlässe, neben den Messen in der Kapelle beispielsweise Hochzeiten, Beerdigungen, Siegesfeiern und Krönungen. Der Hofkapellmeister hat außerdem das Vorschlagsrecht bei Neueinstellungen für die Hofmusikkapelle. Vielleicht ist Salieri die treibende Kraft hinter der Einführung von „Concursen", bei denen die Bewerber um die Wette vorspielen; Salieri will nur die Besten.[17] Ab 1803 müssen auch die zukünftigen Hofsängerknaben vorsingen: Salieri stellt sicher, dass sich Kinder aus allen Schichten bewerben können, nicht nur Adlige. Ihm geht es um Talent, und das ist ja nicht an den Stand gebunden. Beim Vorsingen 1804 fällt Salieri ein Siebenjähriger auf; der Kleine landet immerhin auf Platz sechs von 19 Kandidaten. Salieri notiert, dass jener Franz Schubert ein besonderes Talent sei. Als vier Jahre später die nächsten freien Stellen für Sängerknaben ausgeschrieben werden, gewinnt dieser Schubert das Vorsingen.

Mit enormem Pflichtbewusstsein erfüllt Anton Salieri seine Aufgaben. Er verlangt von sich und seinen Leuten Verlässlichkeit, Disziplin und Einsatz. Gleichzeitig kümmert er sich um seine Musiker und all ihre Belange. Er macht Eingaben über Bezüge, Gehaltserhöhungen, Sonderzahlungen, Instrumente, fast wie ein Betriebsrat. Für das Arbeitsgerät ist der Hofkapellmeister ebenfalls verantwortlich; Salieri kümmert sich auch um scheinbar so banale Dinge wie die Anschaffung von Notenständern. Er kontrolliert die Instrumente, kauft, wenn nötig, neue oder sorgt für ihre Reparatur. In Spinette springt er jetzt nicht mehr. Um zeitgenössische Messen aufführen zu können, schafft er erstmals zwei Englischhörner an. Manchmal, wenn der Amtsschimmel sehr betulich reitet, streckt Salieri das Geld aus eigener Tasche vor, damit Bewegung in die Sache kommt. Als Chef ist er für sein Ensemble verantwortlich, und diese Aufgabe nimmt er sehr ernst. Seine ausgeprägte soziale Ader zeigt sich auch in seinem Engagement für die 1771 von seinem Mentor Gassmann gegründete Tonkünstler-Societät, die Pensionen für Musiker und deren Hinterbliebene ausschüttet: ab 1788 ist er deren Präsident, ab 1795 deren Vizepräsident.

Am 16. Juni 1816, genau 50 Jahre nach Salieris Ankunft in Wien, lässt man ihn offiziell hochleben. Es ist ein Sonntag: Vor der Messe treffen sich die Mitglieder der Hofmusikkapelle in der Wohnung von Obersthofmeister Fürst zu Trauttmansdorff-Weinsberg, der Salieri die große „Goldene Civil-Ehrenmedaille" überreicht. Im anschließenden Festgottesdienst werden ausschließlich Werke von Salieri gespielt; der Meister dirigiert selbst. Abends gibt es eine große Gesellschaft bei Salieri zuhause; Schülerinnen und Schüler liefern selbstkomponierte Beiträge. Franz Schuberts *Beitrag zur fünfzigjährigen Jubelfeier*, D 407, besteht aus einem vierstimmigen Männerchor, einer Tenorarie und einem Kanon. Die Texte stammen vermutlich von Schubert selbst; der kecke Kanon lässt tiefe Zuneigung spüren: „Unser aller Großpapa, / bleibe noch recht lange da!" In seinem Tagebuch reflektiert Schubert über die „reine, heilige Natur", die Salieri in seiner Musik vermittelt, „trotz der unnatürlichsten Umgebungen unserer Zeit".[18] Musik wird von Salieri als Nachahmung der Natur verstanden.

„Großpapa" Salieri unterrichtet sowohl Komposition als auch Gesang, beides mit außerordentlichem Erfolg. Über 70 Schüler und Schülerinnen sind nachgewiesen, darunter die Komponisten Ludwig van Beethoven, Carl Czerny, Joseph Eybler, Johann Nepomuk Hummel, Franz Liszt, Ignaz Moscheles, Franz Xaver Mozart, Franz Schubert und Franz Xaver Süßmayr; die Sängerinnen Caterina Cavalieri, Maria Anna Fux-Gassmann und Therese Rosenbaum-Gassmann. Salieri ist ein genialer Lehrer; selbst mit dem eher dickköpfigen Beethoven

Abb. 3: Die Limonadenhütte auf dem Graben. Kreidelithographie von Alexander Franz von Bensa d. Ä. 1836. Antonio Salieri liebte Süßes, und „[z]uweilen traktirte Salieri seine Schüler, worunter Schubert, mit Gefrornem, welches in einer Limonadehütte am Graben […] zu bekommen war."[19]

kommt er gut zurecht. Sein Rezept: Er geht auf jeden Einzelnen ein; richtet sich nach dem, was der- oder diejenige braucht. Die meisten seiner Schülerinnen und Schüler unterrichtet Salieri gratis; er will zurückgeben, was er selbst von Gassmann und Gluck bekommen hat. Die adligen und reichen Schüler zahlen: Diese Gelder verteilt Salieri an „arme Tonkünstler".[19]

Der Privatmann

1774 wandelt Salieri auf Freiersfüßen; er beschreibt, wie er Theresia Helferstorfer das erste Mal sieht, sich sofort verliebt, wie er ihr schüchtern anträgt, sie von der Kirche nach Hause zu begleiten, wie die beiden übereinkommen, dass er bei ihrem Vater um ihre Hand anhalten darf.[20]

Allerdings stirbt der vorher, sodass Salieri zu Theresias neuem Vormund muss, der seinerseits ganz ähnliche Absichten hegt. Salieri verdiene nicht genug, sagt der Vormund, und Salieri will sich schon geschlagen geben. Aber die Geschichte von der erfolglosen Brautwerbung macht die Runde; bei Hof wird Salieri damit aufgezogen. Das hört der Kaiser, der daraufhin Salieris Bezüge erhöht – und so Amor spielt.

Die Ehe ist glücklich; die Salieris bekommen acht Kinder. Vier Kinder müssen sie begraben, die vier Töchter Josepha, Franziska, Theresia und Catharina überleben ihren Vater. Catharina ist die Einzige, die Musik zu ihrem Beruf macht: Sie wird Sängerin. Am 30. August 1807 stirbt Salieris Frau Theresia mit 53 Jahren – danach zieht sich Salieri eine Weile ins Privatleben zurück.

Er liebt Spaziergänge, am liebsten allein. Im Prater, im Augarten, in der Brigittenau – in jedem Park hat er einen Lieblingsbaum, den er regelmäßig besucht, um nachzudenken oder zu komponieren. Doch auch Beziehungen sind ihm wichtig; mit seiner Familie in Italien hält er Kontakt. Nach seiner Rückkehr aus Paris 1787 besucht er Gluck noch kurz vor dessen Tod; er weiß, was er seinem alten Mentor verdankt. Nebenbei ist er gesellig; unter dem Spitznamen „Don Tarar de Palmira" ist Salieri Mitglied in der ab 1817 existierenden „Ludlamshöhle", einem Kreis aus „Reimer[n], Schauspieler[n], Schreiber[n], Kaufleute[n], Kapellmeister[n] und Windbeutel[n]".[21] Man trifft sich regelmäßig zum Austausch von scharfsinnigem Ulk und sinnreichem Unsinn.

Salieris robuste Gesundheit lässt in seinen letzten Lebensjahren nach: Er hat Parästhesien in den Beinen, von Altersdemenz und einem angeblichen Suizidversuch ist die Rede; zeitweise liegt er im Allgemeinen Krankenhaus. 1824 wird seinem Gesuch auf Pensionierung stattgegeben, bei vollen Bezügen – ein Zeichen der Wertschätzung, die er genießt. Am 7. Mai 1825 stirbt Antonio Salieri in seinem Haus in der Göttweihergasse 1 am „Brand der Alten".[22] Er wird 74 Jahre alt.

Post mortem

Der Schriftsteller Friedrich Rochlitz veröffentlicht nach Salieris Tod den Bericht über eine persönliche Begegnung:

> Zwey Tage später am Morgen, tritt […] unangemeldet, ein freundlicher alter Herr bey mir ein: ziemlich klein und hager von Person, bedeutende, wohlgefällige Umrisse des Gesichts, lebensvolle, heitere Augen, gewandtes und feines Benehmen; […] In einem ganz eigenen Deutsch […] beginnet er ohngefähr: Der Kapellmeister Gebauer haben mir gesagt, dass Sie […] zu Pentecoste in der Kapell de Sa Maëstà gewesen seyn, und daß Ihnen das Offertorio in musica gefallen haben. Erlauben Sie, dass ich" … Und damit reicht er mir freundlich die schön geschriebene Rolle der Partitur, wo mein erster Blick auf den Titel in italienischer Sprache findet: Zur Erinnerung an das Pfingstfest 1822 in Wien, „da me, Antonio Salieri." Mein Herr, sag' ich, Sie sind –? „Der olle Salieri." – Du magst Dir selbst denken, ob mich das freuete. Wir hatten uns kaum gesetzt, so waren wir im vollen Zuge, als hätte ich lange Jahre mit ihm gelebt. […] Er sprach über den Gegenstand selbst scharfsinnig, treffend, bündig und sehr belebt; sein Sprachton wurde klingend, fest und hellaus, wie eines italienischen Tenorsängers; seine Augen funkelten, und um so einnehmender war es, dass seine Miene und Stimmung dabey stets heiter, ja fröhlich blieb. […] Du glaubst nicht, wie liebenswürdig der hochverdiente, weit und breit berühmte alte Herr war. Hernach kamen wir […] auf Haydn und Mozart. Er sprach von ihren Werken mit der huldigenden Würdigung des Greises und der fröhlichen Liebe des Jünglings. Für seine Lieblinge unter Haydn's Werken erklärte er die Quartette und die „Schöpfung." […] Unter Mozart's Werken liebt er vor allen, gleichfalls die Quartette, und von den Opern, Figaro […] „Und das Requiem –?" Ah, sagte er mit Feyerlichkeit: das geht über die Regel. Da hat den Mozart […] im Angesichte des Todes, ein Geist für die Ewigkeit ergriffen, ein heiliger Geist.[23]

Die angebliche Rivalität zwischen Salieri und Mozart ist spätestens seit Peter Shaffers Drama *Amadeus* und Miloš Formans gleichnamigem Film in der Populärkultur verankert. Die Realität stellt sich anders dar:

Mozart ist ab 1781 in Wien ansässig; während er sich als freischaffender Künstler durchschlägt, hat der nur fünf Jahre ältere Salieri eine sichere Stelle bei Hof. Als Musiker haben sie natürlich Berührungspunkte, sie bewegen sich in denselben Kreisen, arbeiten mit denselben Leuten, wie etwa der anglo-italienischen Sängerin Nancy Storace. Die ist seit 1782 gefeiertes Mitglied der italienischen Oper in Wien; 1785 verliert die 20-Jährige Nerven und Stimme – eine Katastrophe für Salieri *und* Mozart. Als sie wieder gesund ist, schreiben die beiden gemeinsam eine Kantate *Per la ricuperata salute di Ofelia* KV 477a.

In seinem letzten Brief an seine Frau Constanze jubelt Mozart über Salieris Begeisterung bei einem Besuch der *Zauberflöte*: „Er hörte und sah mit aller Aufmerksamkeit und von der Sinfonie bis zum letzten Chor, war kein Stück, welches ihm nicht ein bravo oder bello entlockte, und sie konnten fast nicht fertig werden, sich über diese Gefälligkeit bei mir zu bedanken." – Salieri und Mozart schätzen einander.[24]

Unmittelbar nach Mozarts Tod kursieren Gerüchte, er sei vergiftet worden. Jahrzehnte später tauchen sie wieder auf: Am 23. Mai 1824 verteilt der Librettist Calisto Bassi bei einer Aufführung von Beethovens 9. *Symphonie* eine „Ode" an Beethoven, mit der kaum verhüllten Behauptung, Salieri sei der Mörder Mozarts.[25] Das verbreitet sich wie ein Lauffeuer: dem 74-jährigen Salieri fährt es in die Knochen. Ignaz Moscheles, inzwischen ein international gefeierter Klaviervirtuose, besucht seinen alten Lehrer und ist schockiert:

[S]ein Anblick schon entsetzte mich, und er sprach mir in abgebrochenen Sätzen von seinem nahebevorstehenden Tode; zuletzt aber mit den Worten: „Obgleich dies meine letzte Krankheit ist, so kann ich doch auf Treu und Glauben versichern, dass nichts Wahres an dem absurden Gerücht ist; Sie wissen ja, – Mozart, ich soll ihn vergiftet haben. Aber nein, Bosheit, lauter Bosheit, sagen Sie es der Welt, lieber Moscheles; der alte Salieri, der bald stirbt, hat es Ihnen gesagt".[26]

1830 schreibt Alexander Puschkin in Moskau ein Dramolett, in dem er über den Unterschied zwischen einem freigeistigen Genie und einem fleißigen Handwerker (vielleicht meint er damit ja sich selbst)

Abb. 4: Anna Selina („Nancy") Storace (1765–1817) um 1788; nach Pietro Bettelini

nachgrübelt. Er will das Stück zunächst „Neid" nennen, entscheidet sich dann aber für das zugkräftigere *Mozart und Salieri* – und siehe da, es wird verschlungen.[27] Nikolaj Rimskij-Korsakov macht daraus 1898 passenderweise eine Oper. Der *Amadeus*-Film von 1984 gibt Sa-

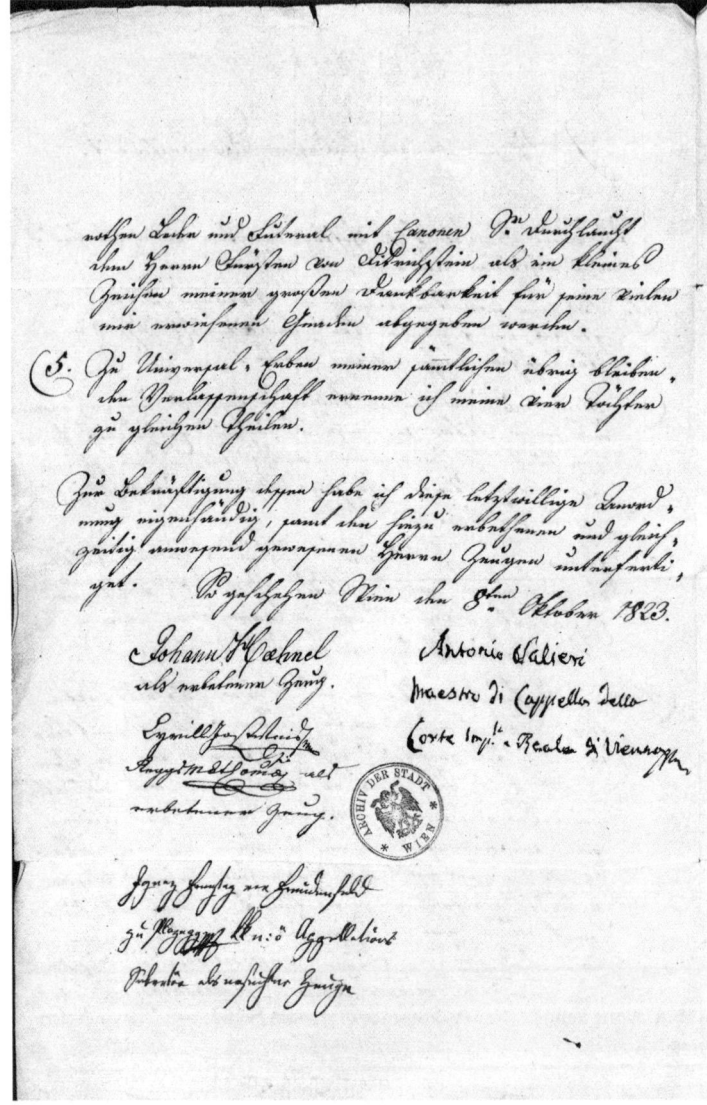

Abb. 5: Antonio Salieris von Alter und Krankheit gezeichnete Unterschrift auf seinem Testament vom 8. Oktober 1823

lieris Ruf endgültig den Rest. Immerhin erhält F. Murray Abraham für seine Rolle als Salieri den Oscar als bester Schauspieler. In Österreich schlägt Falco daraus Kapital und landet mit *Rock Me, Amadeus* einen Welthit. Vielleicht hat aber gerade Miloš Formans Film dazu beigetragen, dass man Antonio Salieri wieder nachspürt. In einer Simpsons-Episode[28] spielt Bart Amadeus, Lisa den angeblich neidischen Salieri. Am Ende stellt Lisa die Sache richtig: „Salieri was a respected composer." Und das mehr als zu Recht.

Benedikt Lodes

Für Gott und den Kaiser

Salieris liturgische Musik

Die Kirchenmusik von Antonio Salieri liegt im tiefen Dunkel der Musikgeschichte. Während ihn als Opernkomponisten die letzten Strahlen öffentlicher Aufmerksamkeit noch erreichen, sind seine Beiträge zur liturgischen Musik von jener Finsternis umgeben, die das Kirchenmusikrepertoire dieser Zeit im Allgemeinen verhüllt. Die Handvoll Gattungsbeispiele, die heute Teil des allgemeinen Bewusstseins sind, leuchten als Solitäre und losgelöst von ihrem historischen Kontext heraus: Werke wie die späten Orchestermessen Joseph Haydns, ein Teil des Kirchenmusikwerks Mozarts und die beiden Messen Beethovens sind angesichts des immensen überlieferten Fundus an liturgischer Musik nur eine dürre Auslese aus einer alltäglichen Klanglandschaft, die mehr Menschen umgab als jede andere Form von Kunstmusik.

Die Wiener Hofmusikkapelle hatte ein weit größeres Budget als andere wichtige Wiener Pfarren wie St. Peter, St. Michael oder auch St. Stephan und war direkt mit dem kaiserlichen Hof verbunden. Salieri besetzte für viele Jahrzehnte die höchste Position, die ein Musiker im Kaiserreich erlangen konnte, nämlich die ihres Kapellmeisters. Es lohnt sich also, einige Schlaglichter auf das kirchenmusikalische Schaffen Salieris zu werfen, der als Musiker wie auch als Lehrer große Ausstrahlung im Wien seiner Zeit hatte. Bei der Auswahl wurde darauf Rücksicht genommen, die Aufmerksamkeit auf Werke zu lenken, von denen bei den gängigsten Anbietern auch Aufnahmen erreichbar sind.

Musik im Dienst herrschender Ordnungen

Am Schnittpunkt von theologischen Strukturen und Kunst angesiedelt, hatte geistliche Musik in ihrer Entwicklung völlig andere Voraussetzungen als weltliche. Das gilt insbesondere für Musik, die in liturgische Zusammenhänge eingebettet war. Sie war Kategorien wie Andacht, Demut und Würde unterworfen, die je nach zeitlichem und regionalem Umfeld in mehr oder weniger strengen Regulierungen zum Ausdruck kamen. Insbesondere am Wiener Hof, an dem Salieri wirkte, war sie als Teil eines institutionalisierten Gesamtgeschehens an zahlreiche Vorgaben gebunden. Die Repräsentationskraft liturgischer Musik, die in den Dienst geistlicher und auch weltlicher Macht gestellt wurde, wurde dadurch geschützt, dass sie fest mit dem Kontext verbunden blieb, für den sie geschaffen wurde. Der Weg aus den Kirchen in die Konzertsäle war nicht selbstverständlich und zur Zeit Salieris bis zu einem gewissen Grad, etwa in Form der Aufführung vollständiger Messen, überhaupt verboten. Der Wirkungsraum von Kirchenmusik blieb in der Regel eingegrenzt. Wie sehr das gerade Salieri als Hofkapellmeister traf, bemerkte schon Friedrich Rochlitz in seinem Nekrolog in der *Allgemeinen musikalischen Zeitung,* der wenige Wochen nach Salieris Tod im Juni 1825 erschien:

> Seine *Kirchencompositionen* sind, da er sie blos für seines Kaisers Hofkapelle geschrieben, ausser Wien gar nicht bekannt, und verdienten doch sehr, es zu seyn. Sie lassen sich, dem Geiste und der Schreibart nach, wohl am nächsten mit denen, Joseph Haydns, aus dessen früherer Zeit, vergleichen; doch sind sie, da das Locale jener Kapelle klein ist, und die Besetzung nur schwach seyn kann, weniger reich instrumentirt; sie sind auch weniger kunstvoll, hinsichtlich auf Fuge und Contrapunkt überhaupt, ausgearbeitet: haben aber dagegen einen noch schöneren, dem Ausdrucke nach über das Ganze entscheidendern Gesang. Ich kenne mehre Stücke derselben, die ich, in die-

ser einfach edeln, frommen, milden, doch aber begeisterten Gattung, unter das Trefflichste zählen muss, was aus neuer Zeit irgend vorhanden ist.¹

Wir werden sehen, dass Rochlitz nur einen Ausschnitt im Blick hatte und die kleine Besetzung zu sehr verallgemeinerte – doch seine Bemerkungen zur Ästhetik der Kirchenmusik Salieris treffen ins Schwarze, bringen sie doch die (Selbst-)Beschränkung zum Ausdruck, die dieser Musik innewohnt. Gerade hinsichtlich „Fuge und Contrapunkt", diesen komplexesten Ausprägungen intrikater, eigenständiger Stimmführung, hätte Salieri leicht aus dem Vollen zu schöpfen gewusst. Ausgebildet von Florian Leopold Gassmann auf Basis des *Gradus ad Parnassum* von Johann Joseph Fux, legte Salieri 1767 als 17-jähriger eine ganze Messe in diesem Stil vor, die *Missa Stylo a cappella*, die die meisten vergleichbaren Messen seiner Zeit in der Ausarbeitung weit übertrifft: Sie enthält praktisch keine homophonen, also akkordisch gesetzten Stellen, sondern ist durchgehend in eigenständigen Stimmen komponiert. Auf Wiederholungen von Formteilen verzichtet sie ganz. Dabei verwendet sie regelmäßig Techniken wie doppelten Kontrapunkt, Engführungen, Umkehrungen und enthält nicht weniger als drei ausgedehnte Fugen, darunter eine Doppelfuge.²

An Technik mangelte es Salieri nicht – als Kirchenmusikkomponist setzte er sie aber maßvoll ein. Dafür braucht es keinen anderen Bürgen als Salieri selbst. Im Jahr 1809 schickte er ein Schreiben im Sinne eines ‚Leserbriefs' an die eben erwähnte *Allgemeine musikalische Zeitung*, um einen Bericht über Christoph Willibald Gluck zu ergänzen:

> Gluck hat nämlich nichts im Kirchenstyle gesetzt, (wenigstens habe ich ihn nie etwas erwähnen hören,) ausser ein *De profundis* […]. Dies De profundis ist – ich muss es gestehen – nicht *meisterlich* (maestralmente) geschrieben, wenn man nämlich mit diesem Ausdruck Werke voller Künstlichkeit, aus denen Gluck zu solchem Behuf nicht viel machte, bezeichnet; wol aber ist es wahrhaft *christlich* (cristianamente) geschrieben, und darum, meines Erachtens, für seinen Zweck weit mehr werth, als so viele andere, meisterlich,

nicht aber christlich geschriebene, welche für religiösen Gebrauch mir unpassend, ja selbst nachtheilig scheinen.³

Salieris Auffassung von Kirchenmusik wurzelt in der vergleichsweise konservativen Kirchenmusiktradition Wiens, die Innovationen aus der weltlichen Musik, vor allem der Oper, noch langsamer übernahm, als das in anderen Kulturräumen der Fall war. Die Fortführung des oben beschriebenen, stark kontrapunktischen Kirchenstils hätte dem nicht widersprochen, lag jedoch nicht im Interesse des Komponisten, denn er hatte zudem die Ideale Josephs II. verinnerlicht, die nach Verständlichkeit und Einfachheit der Mittel verlangten. Dem Kaiser war es ein Anliegen, dass das Messgeschehen für das Kirchenvolk fassbarer werde, weswegen er auch die Aufwertung des deutschen Kirchenliedes stark beförderte. Überbordenden Prunk und Aufwand lehnte er als leere Verschwendung ab, was in der Gottesdienstordnung von 1783 in Form einer starken Reduktion konzertant gestalteter Messen und Vespern normiert wurde. Diese Einhegung der Kirchenmusik führte zwar nicht zu ihrem vollkommenen Verstummen, aber zu drastischen Einschränkungen.

Salieri, zur Zeit der Regentschaft Josephs II. in den besten Jahren, hing diesen Prinzipien in seiner Kirchenmusik, die zum Großteil erst nach dem Tod Josephs II. entstand, weiterhin an. Seine Karriere als Opernkapellmeister und -komponist, während der er sich zu einer prägenden Figur entwickelt hatte, ließ er ab der Übernahme der Aufgaben des Hofkapellmeisters im Jahr 1788 nach und nach hinter sich. In seinem Leben trat ein Wandel ein, der sich auch in seinem Werkverzeichnis widerspiegelt: Die Komposition von Opern endet mit dem Jahr 1802 ganz. Stattdessen beginnt die Arbeit an geistlichen Werken, wobei nach 1809 auch keine Messe mehr entsteht, sondern hauptsächlich kleinere Formen. Salieri konzentrierte sich als Hofkapellmeister auf die Aufgaben organisatorischer Natur. Er war verantwortlich für die Werkauswahl, die Proben und Leitung der Aufführungen bei den Sonn- und Feiertagsmessen in der Hofkapelle, aber auch im Stephansdom, der Augustinerkirche und anderen Gotteshäusern. Zudem nahm er die Dienstaufsicht über die Musiker wahr. Anerkennung oder Nachruhm für seine kompositorischen Leistungen spielten für ihn in dieser Schaffensphase offenbar keine Rolle. So erinnert sich Rochlitz an ein Gespräch mit ihm:

„Seit ich mich von der Oper zurückgezogen habe", sagte er, „habe ich nichts geschrieben, als kleine Gesellschafts-Gesänge, Canons und dergleichen, besonders im Freyen zu singen; (auch die Gedichte sind zum Theil von ihm;) und Kirchenmusik. Was von meinen Arbeiten für die Welt ist, das hat sie. Jene Kleinigkeiten sind für Freunde: diese geistlichen Stücke, für Gott und meinen Kaiser."[4]

Auf dem Fundament der Tradition

Wenige Werke Salieris verkörpern die hier dargestellte Ästhetik so eindrücklich wie sein *De profundis* in f-Moll. Hohe und tiefe Stimmen tragen abwechselnd im 9. Psalmton den Text des *De profundis* vor. Die Melodie erfährt dabei keinerlei Veränderung – die eine Gruppe antwortet exakt das, was die andere gerade gesungen hat, durch die unterschiedlichen Stimmregister um eine Oktave versetzt. Dieser Wechsel zwischen zwei chorischen Gruppen leitet sich vom antiphonalen Gesang im Chorgebet her. Es gibt jedoch auch bedeutende Unterschiede zu diesem: Die Zeilen der Ober- und Unterstimmen fallen einander ins Wort, diese setzen schon ein, während jene noch singen. Dadurch entsteht einerseits ein vorwärtsdrängendes Moment, aber auch vorübergehende Zweistimmigkeit, die im Chorgebet nicht eintreten würde. Als Fundament ergänzt Salieri eine Ostinato-Basslinie, die von der Orgel durchgehend harmonisiert wird. Solcherart harmonisch eingebettet, wird der eigentlich frei deklamatorische Psalmton durch die Einordnung in ein elftaktiges Alla-breve-Gerüst auch metrisch gebunden.

Salieri lässt durch die völlig unveränderte Wiederholung der immer gleichen Formel ein meditatives Moment entstehen. Erst am Ende des Stückes verlässt er das Schema, um – mit dann vierstimmig gemischtem Chor – über den Umweg eines Trugschlusses eine prägnante

Abb. 1: Antonio Salieri, Psalm *De profundis*, Schluss

Schlusskadenz zu bilden. Blaue Eintragungen in der autographen Partitur, die teils aus dem 20. Jahrhundert stammen, lassen erkennen, wie spätere Interpreten in der Hofkapelle diesen Schlusseffekt durch eine zusätzlich eingebaute Zäsur nach dem Trugschluss und dynamische Steigerung ins mehrfache Forte noch verstärkt haben – eine Aufführungstradition entgegen Salieris Intentionen, die bis heute Bestand hat.

Ein ähnliches Satzmodell einer stark an den 9. Psalmton angelehnten, im Wechselgesang vorgetragenen Melodie liegt der Motette *Dixit Dominus* zugrunde. Diese vertont den Text von Psalm 110, der traditionell mit der Feier der Sonntagsvesper in Verbindung steht. Während sich das *De profundis* auf die immer gleiche Basslinie stützt, blüht der Instrumentalsatz des *Dixit Dominus* nach und nach auf, indem er weitere Instrumentengruppen einbindet: Schon nach wenigen Takten lösen sich die Violinen von den Chorstimmen und beginnen sie zu umspielen – durchaus mit Textbezug, der vor allem an den kämpferischen Textstellen zum Ausdruck kommt: „Dominus a dextris tuis, confregit in die irae suae reges. Judicabit in nationibus, implebit ruinas. Conquassabit capita in terra multorum" („Der Herr steht dir zur Seite; er zerschmettert Könige am Tage seines Zornes. Er hält Gericht unter den Völkern, er häuft die Toten, die Häupter zerschmettert er weithin auf Erden"). Mit einfachsten Mitteln, von dynamischen Akzenten durchsetzten, aufgewühlten Sechzehntelketten in den nur vom Bass begleiteten ersten Geigen, erschließt Salieri in diesen Takten musikdramatische Dimensionen. Das Hinzutreten von Oboe, Trompeten und Pauken gegen Ende ist hingegen reine Geste und versieht den Schluss mit den typischen Attributen imperialer Feierlichkeit. Ganz ähnlich verfährt Salieri in seinem *Magnificat* in F-Dur.

Die Verwendung von auf die Gregorianik bezogenen Satztechniken kann man angesichts ihrer Häufung als ein für Salieri typisches Modell bezeichnen. Er entspricht damit den Idealen seiner Zeit. Da der Choral als Gegenmodell zum symphonischen Kirchenstil betrachtet wurde, nahm seine Bedeutung in der Aufklärung zu – nicht ohne starke Verfremdungen oder Entstellungen des verwendeten Choralrepertoires. Solche Musik als ‚religiöser' als andere zu werten, wäre jedoch zu oberflächlich: Man kann die Einbettung des Chorals in eine moderne musikalische Umgebung, und sei diese noch so reduziert, auch als eine Inszenierung lesen. Der Choral wird förmlich auf eine von neuer Musik eingefasste Bühne gestellt und findet sich damit erst recht wieder in einem Schwellenraum zwischen Theater und Ritus.

Kleine Formen mit klarer Tonsprache

Auch bei Salieri ist eine so weitreichende Beschränkung der musikalischen Mittel nicht die Regel. Er hält aber zumeist an einer schlichten, homophonen Satzweise fest, die das Textverständnis begünstigt. Seine kantablen Melodien gehen den Sänger:innen so unangestrengt über die Lippen wie dem Kirchenvolk ins Ohr – eine typische Eigenschaft des Stils der neapolitanischen Schule, die ein wesentlicher Ursprung seiner Musik ist. Kontrastierend knüpft Salieri an typische Merkmale barocker Polyphonie an und flicht imitatorische Passagen wie Fugati oder Fugen ein, deren Themenköpfe von größeren Sprüngen und chromatischen Alterationen gekennzeichnet sind. Beides macht ihn zu einem typischen Vertreter des österreichischen Kirchenmusikstils seiner Zeit.

Dies lässt sich anhand der durch das 19. Jahrhundert hindurch populär gebliebenen Motette *Justorum animae* gut nachvollziehen. Ihr Bauplan besteht aus Formteilen, die abwechselnd auf den beiden genannten Prinzipien basieren. Die Motette wird mit schlichten Akkorden eröffnet, die eine kirchenliedhaft einfache Melodie in den Kirchenraum tragen und im Verlauf der Motette immer wiederkehren. Mehrfach unterbrochen wird dieser Fluss von einem erstaunlich intrikaten chromatischen Thema, das zwar nicht imitatorisch durchgeführt wird, aber im Charakter an den alten Kirchenstil anknüpft. Angesichts des Inhalts der Motette – „Die Seelen der Gerechten sind in Gottes Hand und keine Qual rühret sie an" – ist leicht vorstellbar, dass die insgesamt schlichte Herangehensweise Salieris nicht als Mangel an Raffinesse oder Kunstfertigkeit wahrgenommen wurde, sondern als Ausdruck von Verklärung und Kontemplation.

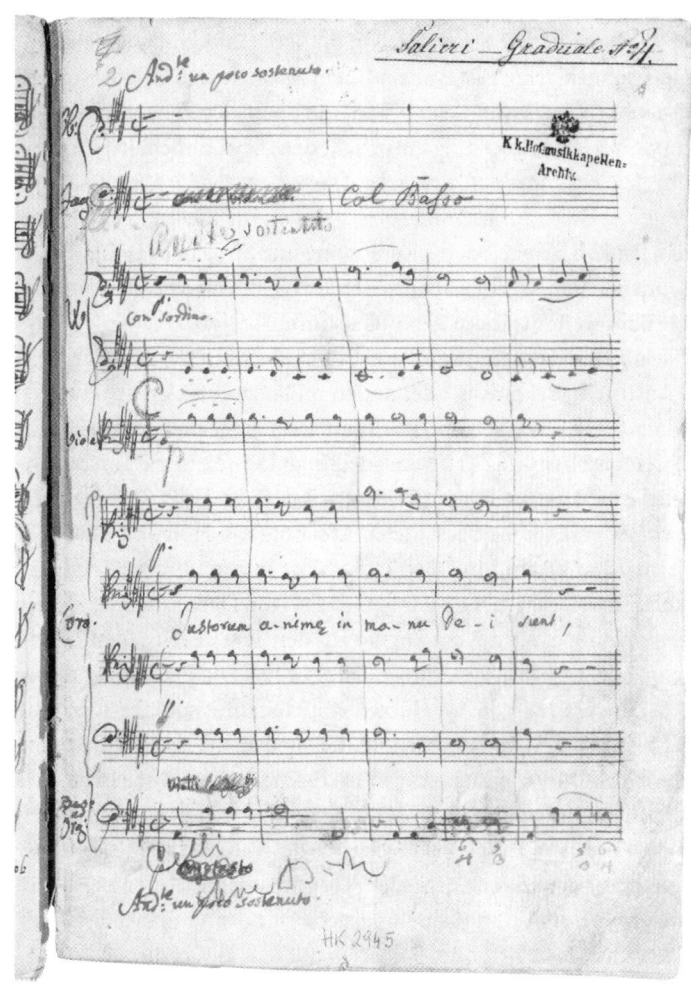

Abb. 2: Antonio Salieri, *Justorum animae*, Beginn

Neben diesen kleineren Werken, die in seinem geistlichen Schaffen überwiegen, arbeitete Salieri auch in mittleren und größeren Formen, die in sich mehrteilig gestaltet sind. Sein *Magnificat* in C-Dur ist – anders als das oben erwähnte in F-Dur – in durchweg konzertantem Stil komponiert. Die Besetzung entspricht der „gewöhnliche[n] Orchester-Begleitung", die der *Catalog der neueren gangbaren Kirchen-Musik für das k. k. Hof-Musik-Grafen-Amts-Archiv 1825* nennt: zwei Trompeten, Pauken, zwei Oboen, zwei Fagotte und Streicher.[5] Lediglich die Posaunen fehlen, wurden aber in der Praxis oft von Kopisten ergänzt, da sie über weite Strecken den Vokalstimmen folgten.

Die inneren Abschnitte größerer Werke sind durch Wechsel in Tonart, Ausdruck, Besetzung oder anderen Elementen klar strukturiert. Modulationen zwischen Tonarten sind häufig. Sie dienen, wie die oft wechselnde Rhetorik, der Textausdeutung: Der feierliche Ton des anfänglichen C-Dur moduliert in wenigen Takten in das D-Dur des zweiten, von Sopran und Alt gestalteten Abschnitts, das anschließende „Et misericordia" beginnt in g-Moll und führt in einer nicht minder gerafften Entwicklung über c-Moll nach Es-Dur. Dem schließt sich der erste polyphone Teil an, ein Fugato auf den Text „Fecit potentiam in brachio suo, dispersit superbos mente cordis". Die Bedeutung dieser Worte (Er zerstreut, die im Herzen voll Hochmut sind. Er stürzt die Mächtigen vom Thron und erhöht die Niedrigen) lässt – christliche Innerlichkeit hin oder her – die musikdramatischen Wurzeln Salieris nachklingen. Auch das „Deposuit potentes" schüttelt es noch in den Bässen. Eine in Wien schon lange gepflegte Tradition ist die abwechslungsreiche Verwendung obligater Soloinstrumente. Antonio Caldara (1670–1736), als Vizehofkapellmeister einer der Vorgänger Salieris, war etwa für seine virtuosen Soloarien mit teils ausgefallenen konzertierenden Instrumenten bekannt. Auch Salieri nutzt die Wirkung eines unvermittelt hervortretenden Soloinstruments immer wieder. Im *Magnificat* wird das „Suscepit Israel" von einer Solovioline umspielt – ein Modell, auf das Beethoven im „Benedictus" seiner *Missa solemnis* op. 123 ebenfalls ebenfalls zurückgreift.

Neben den um die 100 liturgischen Werken, die den kleineren Formen der Propriumvertonungen wie Introitus, Gradualien oder Offer-

Abb. 3: Antonio Salieri, eigenhändiges Verzeichnis seiner im Gebrauch der Hofmusikkapelle stehenden liturgischen Werke

torien galten, aber auch großbesetzte einsätzige Werke wie drei *Te-Deum*-Vertonungen oder das *Magnificat* in C einschließen, gibt es von Salieri auch einige Messvertonungen. Die Zahl von fünf Messen und einem vollendeten Requiem nimmt sich jedoch für einen Kirchenmusiker bescheiden aus. Sein Vorläufer Georg Reutter d. J. (1708–1772) hatte über 70 Messen komponiert, sein unmittelbarer Vorgänger Giuseppe Bonno (1711–1788) immerhin rund 30 – Salieri schätzte sie übrigens nicht sehr und fand so manche davon „cattiva".[6] Keiner der beiden war annähernd so lange im Amt wie Salieri, der 36 Jahre als Hofkapellmeister wirkte.

Messen als Ausnahme

Die Messen Salieris scheinen nicht für reguläre Sonntagsmessen entstanden zu sein. Die *Missa Stylo a cappella* war das schon erwähnte Gesellenstück, das er als Jugendlicher und lange vor seiner Anstellung an der Hofkapelle geschrieben hat. In seinem eigenhändigen Verzeichnis der geistlichen Werke führte er diese Messe nicht an, weil sie nicht Teil des Hofkapellenrepertoires war, und zählt die übrigen Messen, die von den 1790er-Jahren bis 1809 entstanden, von Nr. 1 bis Nr. 4. Ihre Komposition galt wohl repräsentativen Anlässen, die sich aber nicht für alle Messen nachweisen lassen. Die Werke genossen noch in den 1820er-Jahren eine gewisse Beliebtheit im Repertoire der Hofkapelle, verschwanden danach aber langsam, bis sie um die Jahrhundertmitte als nicht mehr „gangbar", wie das der erwähnte „Catalog" der Hofkapelle im Titel bezeichnet, fast ganz aus dem Gebrauch fielen.

Die Orchestermessen Salieris sind einander von der Faktur ähnlich. Sie entsprechen dem in der Zeit vorherrschenden Modell der sechssätzigen Messe (Kyrie, Gloria, Credo, Sanctus, Benedictus und Agnus Dei). Die Vertonungen der textreichen Sätze Gloria und Credo folgen stiltypisch der Textbedeutung und sind durchwegs abwechslungsreich. Zwischen affirmativen, topischen Abschnitten finden auch ruhige Passagen Platz, denen der Komponist teilweise erstaunlich viel Raum schenkt. Das Gloria der Messe Nr. 1 in D-Dur, die den Beinamen „Hofkapellmeister-Messe" trägt, sei beispielhaft dafür genannt: Ein Drittel des Satzes, 80 der 230 Takte, wird von einem Cello-Solopart dominiert. Die gesungenen Einwürfe passen sich im Charakter dem Text an und bleiben im Ausdruck variabel, aber der überaus lyrische Gesang des Cellos stiftet einen übergeordneten Zusammenhalt und prägt damit einen Großteil des Satzes.

Die Messe in C-Dur geht über den üblichen Rahmen der anderen Messen in mehrfacher Hinsicht hinaus: Sie ist eine Plenarmesse, vertont also nicht nur die Ordinariumsteile, sondern auch ausgewählte Teile des Propriums. Salieri ergänzt das Ordinarium um ein *Te Deum*, ein *Tantum ergo* sowie den Introitus *Beata gens*, das Graduale *Venite gentes* und das Offertorium *Cantate Domino*. Die Messe ist doppelchörig angelegt und damit Salieris größtes liturgisches Werk. In der Fassung von 1804, die er aus Anlass der Krönungsfeier für Kaiser Franz I. von Österreich herstellte, erweiterte er die „gewöhnliche Orchester-Begleitung" vor allem im Bereich der Bläser massiv: An manchen Stellen erklingen mit den beiden Chören bis zu vier Klarinetten und Hörner, acht Oboen und Trompeten, zwölf Fagotte, ein Kontrafagott und drei Paukenpaare. Oftmals werden Chorstimmen durch die Holzbläser verstärkt.[7]

Requiem per me

Die meisten der geistlichen Werke Salieris befinden sich heute im Autograph in der Musiksammlung der Österreichischen Nationalbibliothek. Es gibt jedoch eine bedeutende Ausnahme – eine Ausnahme, hinter der eine Geschichte steht: Salieri komponierte 1804 ein Requiem für sich selbst. Das ist nicht ganz ohne Vorbild, aber keineswegs häufig. Über die Gründe kann man heute nur spekulieren – das Werk wurde später auch als Abschied von seiner Opernkarriere gedeutet, da er 1802 sein letztes Bühnenwerk komponiert hatte.

Salieri bewahrte das Manuskript für fast 20 Jahre auf und sandte es 1821 während einer ernsten gesundheitlichen Krise an Heinrich Wilhelm von Haugwitz (1770–1842) in Namiest an der Oslawa. In einem

Brief, der erst nach seinem Tod geöffnet werden sollte, bat er darum, dass das Werk zu seinem Gedächtnis aufgeführt werde. Die Haugwitz'sche Kapelle war in den 1820er-Jahren ein hervorragend ausgebildetes und ausreichend großes Ensemble, Salieri über Jahrzehnte Haugwitz' musikalischer Berater: So fand das Autograph seinen Weg nach Mähren und befindet sich heute in Brno. „Picciolo Requiem composto da me, e per me, Ant. Salieri, picciolissima creatura" (Kleines Requiem, von mir und für mich komponiert, Ant. Salieri, kleinste Kreatur).[8]

Salieris Requiem folgt der Grundarchitektur, die er auch für seine Messen vorsah. Die Sequenz der Totenmesse, das *Dies irae*, ist wie seine sonstigen Messsätze einsätzig, wenn auch mit deutlicher Binnengliederung des umfangreichen Textes. Das berühmte Schwesterwerk von Mozart folgt hingegen dem Typus einer Kantatenmesse, die die Sequenz in distinkte Sätze untergliedert und einige davon den Solist:innen zuweist. Salieri sah nur einzelne Passagen als Soli vor, und selbst diese Anweisung hat er zu einem späteren Zeitpunkt an fast allen Stellen wieder gestrichen. Sich diesbezüglich umzuentscheiden, war insofern leicht realisierbar, als der technische Anspruch an die Solist:innen bei Salieri nicht größer ist als an den Chor – anders als etwa in Mozarts *c-Moll-Messe* KV 427 mit ihren virtuosen Sopranarien und -duetten. Seine Meinungsänderung wurde jedoch nicht beachtet: Spätere Eintragungen von fremder Hand führen das Wechselspiel von Soli und Tutti wieder ein.

In anderen Elementen ähnelt das Requiem jenem Mozarts, das 1800 erstmals im Druck erschienen war und Salieri vielleicht zu seiner Komposition mit angeregt hatte. Er setzt wie Mozart im Introitus mit dem Englischhorn ein eher seltenes Holzblasinstrument solistisch ein und der Eintritt des Chores erfolgt von den Bässen aus. Das *Dies irae* ist hörbar von der Bühne inspiriert. Immer wieder unterstreichen dramatische Effekte das Geschehen: Prominenter Paukeneinsatz, auffahrende Trompetensignale und einstimmige Einwürfe im Chor verleihen diesen Takten szenische Qualität. Die Vertonung des Responsoriums *Libera me* („Befreie mich, Herr, vom ewigen Tod"), das erst nach der eigentlichen Totenmesse bei der Bestattung gesungen wird, ist ein persönlicher Abschluss für ein persönliches Werk.

Am Rande des Repertoires

Im Laufe des 19. Jahrhunderts begann sich in ganz Europa das bürgerliche Konzertleben zu formieren. Dabei wurde auch alte Musik neu entdeckt und mit Enthusiasmus und Forschergeist in kleinem Rahmen ausprobiert. Bei diesem Prozess war die italienisch geprägte katholische Kirchenmusik, aus der heraus sich auch jene Salieris entwickelt hatte, nicht unbedingt erfolgreich. Parallel zum Aufstieg der norddeutsch-evangelischen Kirchenmusik von Schütz bis Bach begannen Komponisten des italienischen Barock langsam aus dem Repertoire der musikinteressierten Kreise zu fallen. Ihre geistliche Musik war allenfalls im Gottesdienst beheimatet – und um die Qualität der Aufführungen stand es dort oft nicht zum Besten, während sie in den Konzertsälen stetig stieg. Die *Deutsche Musik-Zeitung* berichtete von einer Aufführung aus dem Jahr 1860:

> Außer der Prüfung der Orgelklasse wohnten wir noch einer Production bei, wo von sämmtlichen Zöglingen verschiedene Kirchenmusikstücke ausgeführt wurden. Ueber das Zusammenwirken dieses keineswegs aus künstlerischen Elementen bestehenden Körpers läßt sich freilich vor der Hand wenig besonders Rühmendes sagen. Man sang und spielte zwar leidlich im Takt, aber aus einer gewissen Rohheit der Behandlung kam man nicht heraus, und da wir der Meinung sind, daß gerade bei der Kirchenmusik ein edler Vortrag am allerdringendsten sei, so konnten wir uns nicht sonderlich – erbaut finden, obwohl wir freilich die Schwierigkeiten, die dem entgegenstehen, nicht unterschätzen dürfen. Was die Wahl der bei dieser Gelegenheit ausgeführten Musikstücke betrifft, so hätten wir Manches, wie z. B. das zopfig-leierige Magnificat von Salieri, weggewünscht.[9]

Beethoven wurden seine musikalischen Einfälle oft als „Bizarrerien" zum Vorwurf gemacht – man tut Salieri nicht Unrecht, wenn man sagt, dass ihn dieser Einwand wohl nicht ereilen konnte. Zu sehr fußt seine Kirchenmusik, durchaus gewollt, auf den Konventionen ihrer Zeit. Die Rezension tut Salieri ab, nennt gleichzeitig aber eine weitere Ursache für dieses Urteil: Die Wirkung gerade dieser schlicht gehaltenen Vokalmusik ist auf makellose Interpretation angewiesen. Die stark melodiebetonte Faktur über selbstverständlich wirkenden, im Detail aber heikel zu bewältigenden Harmonien und Modulationen stellt gerade Laiensänger:innen vor große Herausforderungen. Die Ausführung von in Terzen geführten Oberstimmen kippt bei nur leichten Trübungen in die Karikatur. Das wird Salieris Kirchenmusik nicht gerecht. Sie ist hörenswert und gut gemacht: Das verhangen-abgründige *De profundis*, das ätherische *Justorum animae*, das durchweg schwungvolle und abwechslungsreiche *Magnificat* in F, die Messe in D-Dur und nicht zuletzt auch das theatralische Requiem – sie alle sind wertvolle Ergänzungen des Repertoires. Es würde sich lohnen, sie öfter ans Licht zu holen.

Christoph Ulrich Meier

Übernahmen und Anspielungen bei Salieri, Mozart und Da Ponte oder: Così fan tutti

Zwei Schwestern, ihre Liebhaber und ein Philosoph … Nein, es handelt sich hier nicht um die Inhaltsangabe von Mozarts *Così fan tutte*, sondern um die Grundkonstellation in Antonio Salieris Opera comica *La grotta di Trofonio* nach einem Libretto von Giovanni Battista Casti, die 1785 – also fünf Jahre vor Mozarts Oper – am Wiener Hoftheater mit durchschlagendem Erfolg herausgebracht wurde. Entlehnungen bei Kollegen waren im 18. Jahrhundert nichts Untypisches oder gar Ehrenrühriges. Die Wiener Opernszene der 1780er-Jahre war reich an gegenseitigen Bezügen unter den jeweiligen Autoren.

La scuola de' gelosi

Nach vorübergehender Schließung zugunsten des Deutschen Nationaltheaters wurde 1783 die Italienische Oper durch Joseph II. wieder eröffnet, da sich der erhoffte Erfolg des deutschen Gegenentwurfs nicht eingestellt hatte. Auch Mozarts *Die Entführung aus dem Serail* von 1782 hatte daran nichts ändern können. Als Eröffnungspremiere der italienischen Oper wurde Salieris Oper *La scuola de' gelosi* nach einem Libretto von Caterino Mazzolà aufgeführt, die 1778 in Venedig herausgekommen war und in Wien vom Hofpoeten Lorenzo Da Ponte für die dortigen Verhältnisse adaptiert wurde. Auch in dieser Oper geht es um zwei Paare und einen ‚Spielleiter': Ein Leutnant ‚therapiert' ein bürgerliches Ehepaar, dessen Beziehung unter der unbegründeten Eifersucht des Gatten leidet, sowie ein gräfliches Paar, dessen Ehe durch die notorische Untreue des libertinen Grafen zerrüttet ist. Die Therapie besteht darin, die Ehemänner durch die vermeintliche Untreue der Ehefrauen eifersüchtig zu machen und so wieder für die Gattinnen zu interessieren. Die Rechnung geht auf, und die Moral von der Geschichte lautet, dass verlässliche Treue Langeweile bedeutet und dass man sich der gegenseitigen Treue nie zu sicher sein soll, da Verlässlichkeit zwangsläufig zum Erkalten des Interesses am anderen führen muss.

Wenn man sich ins Gedächtnis ruft, wie sehr Lorenzo Da Pontes Libretto zu *Così fan tutte* besonders im 19. Jahrhundert wegen seiner angeblichen Amoralität in puncto Verführung und Partnertausch kritisiert wurde, erstaunt die lockere Moral von *La scuola de' gelosi* um so mehr. Der aus Murano stammende Librettist Caterino Mazzolà lebte jahrelang in Venedig, das im 18. Jahrhundert durch Freizügigkeit im halbjährigen Karneval, Glücksspiel und Prostitution berüchtigt war. Frauen aus der Oberschicht konnten sich im Ehevertrag das Recht auf einen Galan, den sogenannten Cicisbeo, zusichern lassen, der die Frau in der Öffentlichkeit begleitete, aber auch Zugang zu ihren Privatgemächern hatte. Dass es zu vertraglich nicht vorgesehenen erotischen Kontakten kam, liegt auf der Hand.

Der ebenfalls in Venedig ansässige Lorenzo Da Ponte war mit Mazzolà befreundet, der ihn für die Stelle des Hofpoeten in Wien empfahl. Beide hatten ihrerseits Umgang mit Giacomo Casanova. Da Ponte, der die niederen Priesterweihen empfangen hatte, wurde wegen seines unsittlichen Lebenswandels aus Venedig verbannt. Er lebte als Priester mit einer verheirateten Frau zusammen und hatte wahrscheinlich auch ein gemeinsames Kind mit ihr, was den venezianischen Behörden dann doch zu viel war. Bei der Ausweisung dürften aber seine politischen Umtriebe eine entscheidende Rolle gespielt haben. Vor diesem Hintergrund erscheinen die Textbücher von Da Ponte und Mazzolà in einem etwas anderen Licht, da sie das moralisch liberale Fluidum ihrer venezianischen Herkunft auf die Bühne des Wiener Hoftheaters importierten.

Bei der Wiener Aufführung von *La scuola de' gelosi* 1783 gab die italienisch-britische Sopranistin Nancy Storace, 1786 Mozarts erste Susanna, ihr Debüt in der Kaiserstadt. In Salieris Oper *La grotta di Trofonio* sollte sie 1785 die Rolle der Ofelia singen. Eine viermonatige Stimmkrise verzögerte die Premiere. Erst 2015 wurden die Noten zur Kantate *Per la ricuperata salute di Ofelia* wiederentdeckt, die Salieri, Mozart und ein nicht näher bekannter Herr Cornetti gemeinschaftlich auf einen Text Da Pontes für die genesene Storace verfasst hatten. Vor diesem Hintergrund relativiert sich die angebliche Feindschaft von Mozart und Salieri zu einem mehr oder weniger kollegialen Verhältnis.

La grotta di Trofonio

Das Libretto zu *La grotta di Trofonio* verfasste Giovanni Battista Casti, der seinem Rivalen Da Ponte nach dessen Entlassung 1791 als Hofpoet nachfolgen sollte. Die Handlung spielt in der griechischen Antike und ist vom antiken Trophonios-Mythos inspiriert. Die Zwillingsschwestern Dori und Ofelia stehen kurz vor der Heirat mit Plistene und Artemidoro. Dori und Plistene sind von heiterem, extrovertiertem Temperament; Ofelia und Artemidoro hingegen sind von ernstem, introvertiertem Wesen, sie lesen gern Platon und andere Philosophen. Aristone, der Vater der Bräute, gibt seine Zustimmung zur Heirat und verweist immer wieder auf die charakterlichen Ähnlichkeiten der Verliebten, in denen sich auch das im 18. Jahrhundert typische Rollenschema des ernsten und des heiteren Paares sowie die Temperamentenlehre manifestieren. Diese schematische Zuordnung wird durch den Philosophen und Magier Trofonio unterlaufen, in dessen Höhle die Temperamente durch übersinnliche Einwirkung in ihr Gegenteil verkehrt werden. Nachdem die beiden Männer die Grotte verlassen haben, in die sie von Trofonio gelockt wurden, passen sie nicht mehr zu ihren Bräuten, was für allerlei Verwirrung und Situationskomik sorgt. Im zweiten Akt werden auch Ofelia und Dori in die Höhle gelockt und ins gegenteilige Temperament verkehrt, weswegen sie nicht mehr zu ihren Partnern passen, die zwischenzeitlich durch einen zweiten Besuch bei Trofonio ihr ursprüngliches Temperament zurückerhalten haben. Ein zweiter Höhlenbesuch der Bräute bringt schließlich alles wieder ins Lot.

Da Ponte wirft Casti in seinen Memoiren vor, der zweite Akt verfehle seine Wirkung, da er eine Wiederholung des ersten sei; die Musik sei aber sehr schön.[1] Die auf den ersten Blick tatsächlich sehr schablonenhafte Handlung entpuppt sich bei näherem Hinsehen jedoch als Parodie auf die stereotypen Rollenschemata der Zeit. Beiden Paaren wird die Gelegenheit gegeben, in einem einzigen Bühnenwerk ihre Eignung für Rollen der Opera buffa und der Opera seria gleichermaßen auszuspielen, was in dieser Form ein Novum im Opernrepertoire darstellt. Nach eigenem Bekunden parodierte Casti in der Figur des Trofonio den florierenden Okkultismus, der durch Scharlatane wie Franz Anton Mesmer und Alessandro Cagliostro beim Adel in Mode war. Salieri bezeichnet die Musik von Trofonios dämonischer Auftrittsarie in seinen eigenhändigen Bemerkungen im Autograph hingegen als „puramente magica" (rein magisch), womit er Castis parodistische Absicht unterläuft.

Die okkultistischen Eigenschaften des Zauberers und Philosophen Trofonio schildert Salieri in dessen Auftrittsarie „Spirti invisibili" durch die Tonart d-Moll und einen unsichtbaren Geisterchor, der aus im Unisono geführten Männerstimmen besteht. Diese Arie dürfte Mozart als Inspirationsquelle für die Szene des Commendatore in *Don Giovanni* gedient haben (ebenfalls eine Bassrolle, d-Moll im Alla-breve-Takt, Männerchor der Höllengeister im Unisono). Gleichzeitig sind in Trofonios Arie Anklänge an Salieris Mentor und Förderer Christoph Willibald Gluck unüberhörbar. Im April 1784, also anderthalb Jahre vor der Uraufführung von *La grotta di Trofonio,* erlebte Salieri seinen internationalen Durchbruch in Paris, wo er sozusagen als Ghostwriter für den 70-jährigen Gluck die Oper *Les Danaïdes* komponiert hatte. Das Werk war zunächst als Gemeinschaftsproduktion der beiden Komponisten angekündigt worden, erst am Premierentag gab Gluck von

Wien aus die Information über die alleinige Autorschaft Salieris an die französische Presse weiter, was in der Folge einen Sensationserfolg für Salieri auslöste. Dieser Coup verschaffte Salieri vor allem Ruhm als Komponist im ernsten, dramatischen Stil und machte ihn dadurch zu Glucks legitimem Nachfolger. Glucks Einfluss zeigt sich auch in Artemidoros Arie „In questo bosco ombroso" aus *La grotta di Trofonio*, wo die Waldstimmung durch Vogelgezwitscher in den Holzbläsern und murmelnde Streicherbegleitung ausgedrückt wird, was stark an das Arioso „Che puro ciel" aus Glucks *Orfeo ed Euridice* erinnert, in dem die idyllische Natur im Elysium mit ganz ähnlichen musikalischen Mitteln dargestellt wird.

La scuola degli amanti

Skizzen Salieris zu Da Pontes Libretto *Così fan tutte, ossia La scuola degli amanti* belegen, dass zunächst Salieri die Vertonung dieser Oper in Angriff genommen hatte und das Projekt dann aus unbekannten Gründen aufgab. Der Nebentitel *La scuola degli amanti*, der wohl ursprünglich als Haupttitel geplant war, bezieht sich ganz klar auf Salieris *La scuola de' gelosi*. Somit sollte die neue Oper offenbar eine Fortsetzung des Erfolgswerkes werden und wäre damit das dritte Sujet gewesen, in dem sich Salieri mit zwei Paaren und einem ‚Spielleiter', diesmal dem Philosophen Don Alfonso, beschäftigt hätte. Wie der Auftrag 1789 an Mozart gelangte, ist nicht bekannt. 40 Jahre später äußerte Constanze Mozart, nun verheiratete Frau Nissen, gegenüber dem englischen Ehepaar Mary und Vincent Novello über die Entstehungsgeschichte von *Così*: „Salieri versuchte zuerst, die Oper zu komponieren, aber es gelang ihm nicht. Der große Erfolg Mozarts soll seinen Neid und Haß erregt haben und der Beginn seiner Feindschaft und Bosheit gegenüber Mozart gewesen sein."[2] Ob diese Äußerung aus der Rückschau von 40 Jahren wirklich der Wahrheit entspricht, lässt sich kaum verifizieren. Die Tatsache, dass Salieri Mozarts Sohn Franz Xaver 1807 unterrichtete und davor immer wieder Werke Mozarts aufgeführt hatte, lässt zumindest einige Zweifel zu. An anderer

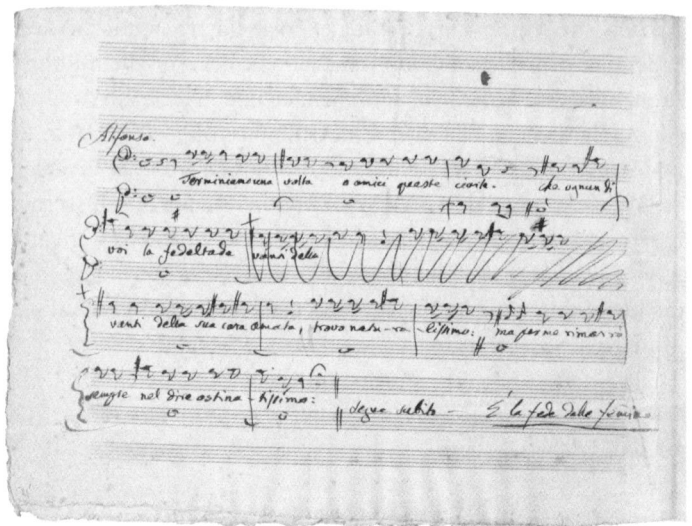

Abb. 1: Antonio Salieri, *La scuola degli amanti* (Fragment), Rezitativ: „Terminiamo una volta o amici queste ciarle"

Stelle im Bericht der Novellos lesen wir, dass Salieri die Oper aufgegeben habe, „da er sie für unwürdig hielt, in Musik gesetzt zu werden."[3] Die Äußerung Constanzes datiert aus dem Jahr 1829 und spiegelt möglicherweise die im 19. Jahrhundert weit verbreiteten moralischen Bedenken gegen das Libretto wider. Weshalb Salieri nur ein Terzett, den Teil eines Secco-Rezitativs und Skizzen zu einem weiteren Terzett ausführte, muss ungeklärt bleiben. Es könnte aber auch sein, dass er einer dritten Versuchsanordnung mit der Kombination von zwei Paaren und einem Spielleiter überdrüssig war. Moralische Einwände Salieris sind eher unwahrscheinlich, denn Castis Libretto zu *La scuola de' gelosi* erscheint im Vergleich deutlich leichtfertiger, da verlässliche eheliche Treue dort als veritabler ‚Beziehungskiller' dargestellt wird.

Moral im Wandel

Wie radikal sich die Moral auf der Wiener Opernbühne am Ende des 18. Jahrhunderts ändert, kann man erkennen, wenn man Castis Libretto von 1778 mit Joseph Sonnleithners Libretto zu Beethovens Urfassung von *Fidelio* 1805 vergleicht, in dem das Hohelied der ehelichen Treue gesungen wird. Die gesellschaftlichen und politischen Umwälzungen der Zeit sowie das Überhandnehmen der bürgerlichen Moral hinterlassen hier deutliche Spuren. *Così fan tutte* befindet sich 1789 etwa in der Mitte, da eheliche Treue dort zumindest von den jungen, idealistischen Paaren als unabdingbare Voraussetzung formuliert wird, während ihr der rationale Philosoph Don Alfonso skeptisch gegenübersteht. Als „vecchio filosofo" gehört er einer älteren Generation an, die durch Aufklärung und Menschenkenntnis geprägt ist. Auch das durch schlechte Erfahrungen abgebrühte Dienstmädchen Despina hält wahre Treue für eine Illusion. Nach ihrer Definition bedeutet Liebe „Vergnügen, Behaglichkeit, Lust, Freude, Unterhaltung, Zeitvertreib, Fröhlichkeit: es ist keine Liebe, wenn es unbequem wird".[4] Bei Despina handelt es sich um das Ideal der galanten Liebe bzw. der Liebe als Spiel, das in größtmöglichem Gegensatz zur romantischen Liebe steht, bei der man für die Liebe leidet und wenn nötig bis in den Tod geht.

Der galanten Liebe frönen im Absolutismus vor allem männliche Vertreter der Oberschicht. Die im Adel verbreitete Libertinage, eine Extremform der galanten Liebe, wird im ausgehenden 18. Jahrhundert immer wieder heftig kritisiert, so zum Beispiel in Choderlos de Laclos' Briefroman *Les Liaisons dangereuses* von 1782, in dem das verderbte, perfide Wesen des sich auf Kosten anderer amüsierenden Adels an den Pranger gestellt wird. Opernfiguren wie Mozarts Graf Almaviva und Don Giovanni sind nur die bekanntesten Vertreter, aber auch der Infant von Spanien in Vicente Martín y Solers *Una cosa rara* von 1786 oder der Graf in Francesco Bianchis *La villanella rapita* von 1783 sind in ihrer rücksichtslosen Freizügigkeit typische Vertreter ihrer Gesellschaftsschicht, die auch vor Gewalt nicht zurückschrecken. Dass für das Bürgertum im 18. Jahrhundert andere Moralvorstellungen gelten als für die Oberschicht, bringt Friedrich Schiller in *Kabale und Liebe*

1784 folgendermaßen auf den Punkt: Der Präsident fragt Wurm ungläubig, was ein Eid, den die bürgerliche Luise schwören soll, fruchten solle, worauf Wurm entgegnet: „Nichts bei *uns*, gnädiger Herr! Bei *dieser* Menschenart Alles."

Die Anfänge der Entstehung von *Così fan tutte* fallen im Sommer 1789 genau mit dem Ausbruch der Französischen Revolution zusammen. Das erstarkende Bürgertum wird in der Folge dem gesellschaftlichen und kulturellen Leben seinen Stempel aufdrücken und das kommende Jahrhundert prägen. Dass die lockere Moral der Oberschicht des galanten Zeitalters von der rigideren bürgerlichen Moral abgelöst wird, manifestiert sich unter anderem eben auch in der veränderten Bewertung, der rückwirkend die Opernsujets des ausgehenden 18. Jahrhunderts unterzogen werden. Aus dieser Perspektive sind *La scuola de' gelosi* und *Così fan tutte* leichtfertige, unmoralische Frivolitäten. Auch Ludwig van Beethovens und Richard Wagners abwertende Bemerkungen über *Così* lassen an dieser weitverbreiteten Sichtweise keinen Zweifel.

L'arbore di Diana

Dass Da Ponte mit seinen Libretti aufklärerische Tendenzen unterstützte, sieht man auch am für Martín y Soler geschriebenen Libretto zu *L'arbore di Diana* von 1787. Es handelt sich um eine Allegorie auf die unmoralischen Zustände in den Klöstern, die großenteils durch die Reformen Josephs II. säkularisiert wurden. Da Ponte berichtet in seinen Memoiren, dass der Kaiser ihm als Dank für die Unterstützung der Reformen einen Geldbetrag von 100 Zechinen als Belohnung zukommen ließ. Diana, die Göttin der Keuschheit, bewohnt mit ihren drei ebenfalls zur Keuschheit verpflichteten Nymphen eine Insel mit einem Baum, der Vorbeigehenden durch Verfärbung der Äpfel anzeigt, wer keusch ist und wer nicht. Der Schäfer Doristo, zum Hüter des Baumes bestellt, ist hinter den drei Nymphen her. Diana verliebt sich durch Eingreifen ihres Gegenspielers, des Gottes Amor, in den Schäfer Endimione. Aus Angst, durch die Verfärbung der Äpfel der Unkeuschheit überführt zu werden, lässt Diana den Baum kurzerhand fällen. Die Insel wird zum Reich Amors, in dem Diana und Endimione einander lieben dürfen. Doristo darf sich weiterhin mit den drei Nymphen vergnügen. Wenn man das Keuschheitsgelübde Dianas und ihrer Nymphen mit dem klösterlichen Zölibat gleichsetzt, sieht man, wie Da Ponte die Aufhebung der Klöster durch seinen Text rechtfertigt. Er selbst hielt dieses Libretto für sein bestes. Es sei „wollüstig, ohne lasziv zu sein".[5] Aus der Perspektive des 19. Jahrhunderts dürfte dieser Stoff an Frivolität kaum zu überbieten gewesen sein, was die Kritik an *Così fan tutte* deutlich relativiert.

Einflüsse auf Mozart

Die Einflüsse der besprochenen Opern sind für Mozarts Vertonung von *Così fan tutte* maßgeblich, denn man kann davon ausgehen, dass er diese Werke aus eigener Anschauung kannte. Inhaltliche Parallelen, besonders zu *La scuola de' gelosi* und zu *La grotta di Trofonio*, liegen auf der Hand. Musikalisch ist besonders die letztgenannte Oper von Wichtigkeit. Die Terzen in den Zwiegesängen der Schwestern Dori und Ofelia sind direkte Vorbilder für die Duette von Fiordiligi und Dorabella. Aus Mozarts Autograph geht hervor, dass er ursprünglich Dorabella die Oberstimme zugedacht hatte, was die Ähnlichkeit zu Salieris Oper noch verstärkt hätte, wo ebenfalls Dori den höheren Part singt. Die Rezitative zwischen Aristone, dem Vater der Bräute, und den beiden Liebhabern Artemidoro und Plistene weisen textlich und musikalisch verblüffende Ähnlichkeiten mit den Rezitativen zwischen Don Alfonso und den Liebhabern Ferrando und Guglielmo auf.[6] Die berühmteste Nummer in *La grotta di Trofonio* war das Terzett zwischen den zwei Schwestern und dem Philosophen Trofonio, wie zahlreiche Einzelausgaben belegen. Der Erstdruck der gesamten Partitur beim Verlag Artaria von 1785 zeigt auf dem Titelblatt genau die Szene dieses Terzetts.

Abb. 2: Antonio Salieri, *La grotta di Trofonio*, Titelblatt des Partiturdrucks

Trofonio lädt die beiden Schwestern ein, sich in seiner kühlen Höhle von der Tageshitze zu erholen. Musikalisch entspinnt sich eine kontemplative, in pastoralem Ton gehaltene Nummer, die einen wohltuenden Ruhepunkt im sonstigen Buffo-Trubel darstellt. Mozarts Terzett „Soave sia il vento" ist in einer ähnlich ruhigen, kontemplativen Stimmung gehalten: Auch hier verbinden sich die Stimmen der Schwestern mit der tiefen Männerstimme des Philosophen Don Alfonso zu einem atmosphärischen Höhepunkt der Oper. Der heitere Liebhaber Plistene singt zwei seiner Arien in G-Dur. Guglielmo, sein Äquivalent in *Così*, hat ebenfalls zwei Arien in derselben Tonart. Dem ernsten Paar Ofelia und Artemidoro wird von Salieri in ihren Arien des ersten Aktes ein Bläsersatz von Klarinetten, Fagotten und Hörnern zugeordnet, was eine romantisch getönte, gefühlvolle Klangmischung erzeugt. Mozart setzt die gleiche Instrumentierung in Fiordiligis Rondo im zweiten Akt und in beiden Arien Ferrandos ein.

Mozarts Einfluss auf Da Ponte

Noch aufschlussreicher als die Übereinstimmungen sind jedoch die Abweichungen in beiden Opern, auch in der Rollenzuordnung. Aus Mozarts Autograph zur später wieder gestrichenen Arie Guglielmos „Rivolgete a lui lo sguardo" geht hervor, dass die verkleideten Liebhaber zuerst den eigenen Bräuten den Hof machen sollten. Mozart hat in der eigenhändigen Regieanweisung die Namen dann nachträglich so verändert, dass eine Überkreuz-Situation entsteht. Interessanterweise finden sich die nach dem tradierten Rollenschema passenden Paare erst durch Don Alfonsos Eingreifen. Anfänglich sind die ernste Fiordiligi und der heitere Guglielmo sowie die heitere Dorabella und der ernste Ferrando ein Paar. Das widerspricht der bei Salieri immer wieder hervorgehobenen Temperamentenlehre sowie der traditionellen Einteilung in ein ernstes und ein heiteres Paar. Die eigentlich richtige Verteilung Fiordiligi–Ferrando und Dorabella–Guglielmo ergibt sich erst durch den inszenierten Partnertausch. Am Ende der Oper müssen die Paare wieder in die Anfangskonstellation zurück, was der Geschichte zusätzliche Komplexität gibt. Mozart und Da Ponte verstoßen also absichtlich gegen das traditionelle Rollenschema und erhöhen so das psychologische Konfliktpotenzial. Aus dem Briefwechsel zu *Idomeneo* wissen wir, dass sich Mozart gern aktiv an der Gestaltung der Libretti beteiligte. Sein Einfluss auf Da Ponte ist wahrscheinlich ebenfalls nicht zu unterschätzen. In Salieris Fragment zu *Così* findet sich beispielsweise eine Textpassage im Rezitativ Don Alfonsos vor dem zweiten Männerterzett, die von Mozart nicht übernommen wurde (siehe Abb. 1). Ebenfalls interessant ist die Tatsache, dass der Ort der Handlung im Lauf der Zusammenarbeit von Triest nach Neapel verlegt wurde. Mozart ersetzt im Rezitativ Fiordiligis „Da Trieste partiti sono gli amanti nostri" handschriftlich „Trieste" durch „Napoli". Die Handlung befindet sich da bereits in der neunten Szene des ersten Aktes. Weshalb der Ort zu einem relativ späten Zeitpunkt im Arbeitsprozess rückwirkend geändert wurde, gibt Raum für verschiedene Spekulationen. Einerseits zitiert Don Alfonso im Accompagnato der siebten Szene den neapolitanischen Renaissancedichter Jacopo Sannazaro mit einer Metapher aus dessen Schäferdichtung *Arcadia*;[7] andererseits könnte der hochgebildete neapolitanische Schriftsteller und Diplomat Ferdinando Galiani als Vorbild für Don Alfonso gedient haben.[8] Aber reicht das aus, um die komplette Handlung nach Neapel zu verlegen?

Eine plausiblere Erklärung finden wir vielleicht in den Reisebeschreibungen des 17. und 18. Jahrhunderts, in denen Neapel als ein Ort beschrieben wird, an dem Paradies und Hölle direkt nebeneinander liegen. Sigmund von Birken beschreibt den Vesuv bei seiner Grand Tour 1660/61: „Man mag wohl von ihm sagen [...] Es stehe / mitten im Paradeis die HöllenPforte."[9] Johann Caspar Goethe, sein Sohn Johann Wolfgang von Goethe und François-René Chateaubriand übernehmen diesen Topos in ihren Reisebeschreibungen. Der Golf von Neapel galt allgemein als Inbegriff der idealen Landschaft. Wenn in der zweiten Szene von *Così* die Schwestern ihre Liebe und ihre unverbrüchliche Treue in einem Garten mit Blick auf den Golf von Neapel besingen, wird hier ein paradiesischer bzw. arkadischer Moment reinen Glücks evoziert. Dass Neapel mit seiner Nähe zum Vesuv aber auch die Hölle bedeutet, zeigt sich im zweiten Akt in den Äußerungen der beiden vom Treuebruch enttäuschten Liebhaber, als Don Alfonso ihnen vorschlägt, die untreuen Bräute zu heiraten.

> Guglielmo: „Vorrei sposar piuttosto la barca di Caronte."
> Ferrando: „La grotta di Vulcano."
> Guglielmo: „La porta dell' inferno."[10]

Nach der antiken Überlieferung fährt Charons Barke über den Averner See, der sich etwas westlich von Neapel befindet, ins Totenreich. Die Grotte des Gottes Vulcanus ist im Vesuv zu verorten, und das Tor zur Unterwelt befindet sich beim Vulkan Solfatara am westlichen Stadtrand Neapels. Da Ponte hat Neapel nie besucht, Mozart hingegen hat diese Orte als 14-jähriger besichtigt. Ein Brief Leopold Mozarts vom 16. Juni 1770 gibt darüber Aufschluss: „Il Lago d'averno […] die Eliseischen felder oder Campi elisi, das todte Meer, wo der Charon schifman war, […] la Solfatara, l'Astroni, la grotta del Cane, und il Lago di Agnano etc: vor allem aber la grotta di Pozzuoli, und das Grab des Virgilii gesehen."[11] Es ist also durchaus denkbar, dass die Verlegung der Handlung nach Neapel auf Mozarts Anregung zurückgeht, um ihre Doppelbödigkeit zu verstärken.

Mozarts musikalische Psychologie

Die Fiordiligi der Premiere war die Sängerin Adriana Ferrarese del Bene, die ihr Wiener Debüt in der Wiederaufnahme von *L'arbore di Diana* 1789 gegeben hatte. Wiener Kritiken rühmten ihre „frappirende" Tiefe.[12] Kurz danach sang sie die Susanna in der Wiederaufnahme von *Le nozze di Figaro*, Mozart komponierte zwei neue Arien für sie. Als Diana in *L'arbore di Diana* hatte sie eine Einlagearie des Komponisten Angelo Tarchi gesungen, in der Diana ihre Keuschheit beteuert. Die Arie steht in B-Dur und zeichnet sich durch große Intervallsprünge aus.[13] Ähnliche Intervallsprünge und dieselbe Tonart finden wir in Fiordiligis Arie „Come scoglio" wieder. Fiordiligi beteuert in dieser

Arie ihre Treue, die Metapher vom unverrückbaren Felsen übernimmt Da Ponte aus *La grotta di Trofonio* (1. Akt, 8. Szene, Takt 99 f.).

Mozart besetzt in dieser Arie außer den Holzbläsern nur Trompeten und keine Hörner, was für seine Zeit untypisch ist. Dieselbe, sehr ungewöhnliche Instrumentierung mit Trompeten und ohne Hörner finden wir in Mozarts Fragment eines Terzetts für Tenor und zwei Bässe *Del gran regno delle amazzoni* KV 434. Der Text stammt aus Giuseppe Petrosellinis Libretto zur Opera buffa *Il regno delle amazzoni* (Das Reich der Amazonen). Das Terzett steht wie Fiordiligis ‚Felsenarie' in B-Dur, die Trompeten unterstreichen den heroischen Charakter. Fiordiligi präsentiert sich also als eine Amazone, die gegen die verkleideten Männer für ihre Treue kämpft. Die musikalische Sprache mit den großen Intervallsprüngen war dem Wiener Publikum aus der Arie der Diana in *L'arbore di Diana*, ebenfalls gesungen von Ferrarese del Bene, bereits bekannt. Das Wiener Publikum wusste auch, dass Diana im weiteren Verlauf der Handlung dem Schäfer Endimione erliegt. Dieser wurde von Vincenzo Calvesi gesungen, der auch als Ferrando in *Così* besetzt war. Man konnte also erraten, dass es zwischen Fiordiligi und Ferrando ähnlich weitergehen würde wie zwischen Diana und Endimione und dass die Beteuerungen Fiordiligis von kurzer Dauer sein würden. Das unterstreicht die parodistische Absicht Da Pontes, der die ‚Felsenarie' als altmodische Gleichnisarie aus der barocken Opera seria anlegt, die in Wien längst aus der Mode war und als ‚alter Hut' betrachtet wurde.[14] Der Einsatz des Canto di sbalzo, einer aus großen Intervallsprüngen bestehenden Technik aus der Zeit der Kastraten, tut ein Übriges, um die antiquierte Wirkung zu unterstreichen. Im Umfeld der Opera buffa wirkt der Text mit seinem Opera-seria-Pathos wie ein Fremdkörper, was übrigens auch auf Dorabellas Verzweiflungsarie „Smanie implacabili" zutrifft, die der Form einer barocken Agitato-Arie entspricht. Dorabellas Verzweiflung über den Weggang der Verlobten erhält dadurch eine etwas übertriebene Wirkung, ebenso wie Don Alfonsos kurze Agitato-Arie „Vorrei dir, e cor non ho", in der er die Damen mit gespielter Anteilnahme über die vermeintliche Einberufung der Liebhaber informiert.

Im Verführungsduett von Ferrando und Fiordiligi im zweiten Akt unterläuft Mozart ein Schreibfehler bei Ferrandos Feststellung, dass Fiordiligis Treue ins Wanken gerät. In Da Pontes Libretto steht „Ah che omai la sua costanza" (ihre Treue). Mozart schreibt irrtümlich „mia costanza" (meine Treue). Er streicht „mia" (meine) durch und ersetzt es durch „sua" (ihre), um dem Libretto gerecht zu werden. Dann streicht er auch „sua" durch und ersetzt es wiederum durch „mia". Hier erhalten wir einen faszinierenden Einblick in Mozarts Arbeit an der psychologischen Entwicklung von Ferrandos Charakter und können ihm beim Komponieren quasi über die Schulter schauen. Er macht durch die eigenmächtige Textänderung deutlich, dass Ferrando Fiordiligis inneren Konflikt nicht distanziert beobachtet, sondern selbst drauf und dran ist, sich in sie zu verlieben. Fiordiligi bringt *seine* Standhaftigkeit ins Wanken. Aus der anfangs berechnenden Verführung wird eine Situation der gegenseitigen emotionalen Annäherung, er hat nun selbst Feuer gefangen. Seinem laut Partitur „tenerissimamente" (sehr zärtlich) vorgetragenen Angebot „sposo, amante, e più se vuoi" (Ehemann, Geliebter, und mehr, wenn du willst) kann Fiordiligi nicht widerstehen. Ferrandos Antrag steht witzigerweise in direktem Gegensatz zu einer Äußerung des Grafen in *La scuola de' gelosi*. Dessen Frau wünscht sich eine Personalunion von „sposo, amante". Er begründet seine Untreue mit dem Ausspruch „L'un nome l'altro esclude" (der eine Begriff schließt den anderen aus). Ferrando ist als junger Liebhaber deutlich idealistischer, seine frisch entfachte Liebe zu Fiordiligi geht so weit, dass er sich in der Hochzeitsszene bereit erklärt, die Vergangenheit und damit seine Beziehung zu Dorabella zu vergessen: „E non resti più memoria del passato ai nostri cor" (es bleibe unseren Herzen keine Erinnerung an die Vergangenheit). An seiner Ehrlichkeit besteht kein Zweifel, da er im entrückten As-Dur-Kanon dieselbe innige Kantilene wie die Damen anstimmt, während der gekränkte Guglielmo in gereiztem Parlando wünscht, die anderen mögen Gift trinken: „Ah bevessero del tossico queste volpi senza onor."[15]

Eine ähnliche psychologische Komplexität findet sich in der letzten Szene der Oper, wenn die vermeintlich aus dem Krieg zurückkehrenden Liebhaber ihre Verlobten kurz nach der Hochzeit mit Tizio und

Sempronio ertappen (die italienische Redewendung „Tizio, Caio e Sempronio" lässt sich auf deutsch am ehesten mit „Hinz und Kunz" übersetzen). Tizio und Sempronio sind in Wahrheit niemand anderes als Ferrando und Guglielmo in Verkleidung. Die kostümierte Zofe Despina spielt den Notar Beccavivi („beccamorti" bedeutet im Italienischen u. a. Totengräber, Beccavivi begräbt also die Lebenden).

In dieser Szene, in der Ferrando und Guglielmo wieder unverkleidet als vermeintliche Kriegsheimkehrer auftreten, fällt eine ungewöhnlich häufige Verwendung von Fermaten auf. Eine stolze Zahl von 40 Fermaten hemmt und unterbricht den musikalischen Fluss immer wieder. Die von Alfonso herbeigeführte Versöhnung der Paare nach Aufdeckung der inszenierten Treueprobe kommt nicht mehr richtig in Gang. Den erneuten Treueversprechungen der überführten Damen entgegnen Ferrando und Guglielmo desillusioniert: „Te lo credo, gioia bella, ma la prova io far non vo'" (ich glaube dir, mein Schatz, aber überprüfen möchte ich es nicht). Die von Da Ponte als versöhnliche Schlussmoral gedachten Zeilen „Fortunato l'uom che prende ogni cosa per buon verso" (Glücklich der, der alles von der guten Seite nimmt) lässt Mozart verhalten im sotto voce vortragen. Die abschließenden Zeilen „bella calma troverà" (er wird schöne Ruhe finden) werden zuerst ebenfalls sotto voce, dann aber im forte mit zusätzlichen Sforzati („sforzare" bedeutet zwingen) der Trompeten und Hörner vorgetragen, was durch die musikalische Semantik dem Affekt einer „schönen Ruhe" zuwiderläuft.

Der Schluss der Oper hat also etwas absichtsvoll Ambivalentes und hinterlässt beim Hören gemischte Gefühle, was von Mozart durchaus gewollt sein dürfte. Auch hier klingt musikalisch eine tiefere Ebene mit, die den Text untergräbt. Die nach dem traditionellen Rollenschema und nach der Temperamentenlehre ‚richtige' Kombination von Fiordiligi–Ferrando als ernstem und Dorabella–Guglielmo als heiterem Paar wird getrennt und in die Überkreuz-Situation vom Beginn der Oper zurückgezwungen, obwohl sich mittlerweile zumindest Fiordiligi und Ferrando ernsthaft ineinander verliebt haben. Und so gerät Da Pontes abschließendes Lob der Vernunft („da ragion guidar si fa") unter Mozarts Hand auf musikalischer Ebene zu einer versteckten Aufklärungskritik, da Don Alfonsos mit kühler Ratio durchexerziertes Treueexperiment auf der Gefühlsebene der beteiligten Paare die eine oder andere Blessur hinterlässt.

Würden wir Salieris *La grotta di Trofonio* mit der schematisch und traditionell richtigen Rollenkombination bei einem echten Happy End nicht kennen, entginge uns womöglich einiges von der subtilen Doppelbödigkeit in *Così fan tutte*. Interessanterweise ist der Unruhestifter bei Salieri/Casti der Okkultist Trofonio und fünf Jahre später bei Mozart/Da Ponte der Aufklärer Don Alfonso, was vielleicht ein Anzeichen für den sich wandelnden Zeitgeist der späten 1780er-Jahre ist. Jedenfalls sehen wir, wie stark sich die Opern im Wien des ausgehenden 18. Jahrhunderts gegenseitig beeinflussen und wie wichtig die Kenntnis des Umfeldes bzw. der Vorgängerwerke für ein umfassenderes Verständnis ist. Übernahmen und Entlehnungen sind in einer Epoche ohne Urheberrecht selbstverständlich, und so kann man über die Autoren dieser Zeit sagen: Così fan tutti – so machen es alle!

Judith Kopecky

„… zudem gesellte sich noch ihre sonore Stimme, ihr Gefühl anregender Vortrag, und ihr meisterhafter Gesang …"

Antonio Salieri als Gesangslehrer

Bis heute ist Antonio Salieri vor allem als Komponist von Opern, sakralen Werken und Instrumentalmusik bekannt. Auch dass er als Hofkapellmeister, Präses der Tonkünstler-Societät und Gründungsmitglied der Gesellschaft der Musikfreunde das Wiener Musikleben seiner Zeit entscheidend mitgestaltet und als Zentrum eines umfassenden kollegialen Netzwerkes künstlerischen Einfluss genommen hat, dürfte in Erinnerung geblieben sein. Salieris Tätigkeit als Kompositionslehrer von Schülern wie beispielsweise Franz Schubert, Ludwig van Beethoven, Giacomo Meyerbeer oder Johann Nepomuk Hummel wurde ebenfalls vielfach behandelt. Dass Antonio Salieri aber zeit seines Lebens als engagierter und vor allem erfolgreicher Gesangspädagoge wirkte und zahlreiche Sänger:innen auf Basis der von ihm erhaltenen Ausbildung große Erfolge im In- und Ausland feiern konnten, blieb bislang noch wenig beachtet. Darüber hinaus setzte Salieri mit der Initiierung und Etablierung einer Singschule im Rahmen der Gesellschaft der Musikfreunde einen nachhaltigen pädagogischen Impuls, kann diese Chorschule doch im weitesten Sinne als Vorläuferinstitution der heutigen Universität für Musik und darstellende Kunst Wien bezeichnet werden. Vor diesem Hintergrund widmet sich der folgende Beitrag Antonio Salieris gesangspädagogischer Tätigkeit und richtet außerdem den Blick exemplarisch auf einige seiner zu ihren Lebzeiten berühmten, heute vielfach vergessenen Gesangsschüler:innen.

Antonio Salieri selbst hatte in seiner Heimatstadt Legnago bereits in sehr jungen Jahren eine umfassende musikalische Ausbildung sowie ersten Gesangsunterricht erhalten und setzte seine stimmliche Ausbildung später bei Ferdinando Pacini, einem Tenorsänger der Cappella di San Marco in Venedig, fort.[1] Pacini war es auch, der dem damaligen „k. k. Kammercompositor" Florian Leopold Gassmann, als sich dieser im Jahr 1766 anlässlich der Aufführung seiner Oper *Achille in Sciro* in Venedig aufhielt, von seinem begabten jungen Schüler erzählte und dadurch die Bekanntschaft Salieris mit Gassmann initiierte. Salieris erster Biograph Ignaz von Mosel beschreibt das erste und folgenreiche Zusammentreffen Salieris mit Gassmann so:

> Der Meister verlangte ihn zu sehen, er wurde ihm vorgestellt und hatte das Glück, ihm sowohl im Clavierspiele als auch im Gesange zu gefallen, dergestalt, dass er ihn von seinem Beschützer sich erbat, und mit nach Wien nahm, um ihn dort in der musikalischen Composition zu unterrichten.[2]

Bald nach seiner Ankunft in Wien wurde der zu diesem Zeitpunkt 15-jährige Salieri am Rande der dreimal wöchentlich abgehaltenen kaiserlichen Kammermusiken Kaiser Joseph II. vorgestellt. Dieser wünschte laut Mosel „den jungen Kunstbeflissenen etwas aus dem Gedächtnisse singen und spielen zu hören", fand an dieser Darbietung offensichtlich Gefallen und ordnete daraufhin an, dass Salieri fortan regelmäßig bei diesen musikalischen Unterhaltungen als Chorist bzw. gelegentlich als Gesangssolist mitwirken sollte.[3] Für diese Tätigkeit erhielt Salieri zwar kein Gehalt, doch machte ihm Kaiser Joseph II. jeweils am Neujahrstag ein Geschenk. Im ersten Jahr waren dies 50, in den folgenden Jahren sogar 80 Dukaten, die Salieri seinem Mentor

Abb. 1: Therese Rosenbaum-Gassmann als Königin der Nacht

Gassmann aushändigte, der wiederum mit dieser Summe Ausbildung und Lebensunterhalt seines Schützlings finanzierte.

Wann und wo Salieri seine ersten Erfahrungen als Gesangspädagoge sammelte, ist bislang noch wenig erforscht, aber es steht fest, dass Salieri bereits im Alter von 24 Jahren nach Gassmanns frühem Tod die stimmliche Schulung der beiden Töchter Gassmanns, Maria Anna und Therese, übernahm und diese zu professionellen Sängerinnen ausbildete. In der Fachliteratur werden diese beiden Künstlerinnen zu den ersten Gesangsschülerinnen Salieris gezählt, die auf erfolgreiche Bühnenkarrieren verweisen konnten. Die beiden Koloratursopranistinnen machten insbesondere als Interpretinnen der Partie der Königin der Nacht in Mozarts *Zauberflöte* Furore, und besonders die jüngere der beiden Schwestern, Therese, die nach ihrer Heirat auch unter dem Namen Rosenbaum-Gassmann auftrat, galt als eine der besten Sängerinnen ihrer Zeit. So liest man auch in der *Zeitung für die elegante Welt* am 2. April 1801:

> Madam Rosenbaum, geborne Gaßmann, als Königin der Nacht, ward nach der Bravour-Arie: Der Hölle Rache kocht in meinem Herzen etc. mit dem verdientesten außerordentlichsten Beifall gekrönt. Die Reinheit, Modulazion und ungewöhnliche Höhe ihrer Stimme sind auch ganz gewiß eine sehr bewunderungswürdige seltne Gabe der Natur.

In einem Nachruf auf Salieri wird ebenfalls auf dessen gesangspädagogische Tätigkeit verwiesen und angeführt, dass Salieri „von mittleren männlichen Jahren an bis in sein hohes Alter, eingedenk dessen, was ihm selbst in seiner Jugend begegnet, talentvollen Componisten Leitung und Beystand, jugendlichen Sängern und Sängerinnen eine höhere und vollendetere Ausbildung gab", und weiter, dass unter diesen Sängerinnen „die hinterlassenen Töchter seines Lehrers, Gassmann, seine ersten; die hinterlassenen Töchter des achtbaren Wranitzky, Mad. Seidler in Berlin und Mad. Kraus in Wien, seine letzten Schülerinnen" waren.[4]

Neben jenen jungen Talenten, die sich von Salieri im Hinblick auf eine professionelle Musikerlaufbahn ausbilden ließen, gehörten laut Salieris Biograph Ignaz von Mosel auch zahlreiche reiche und adlige Personen zum Kreis seiner Schüler:innen, deren Honorar Salieri angeblich nicht für sich behielt, sondern unter „arme[n] Tonkünstler" verteilte. Ein interessanter methodischer Aspekt ist wohl, dass Salieri für seine Schüler:innen zusätzlich zu den Gesangsstunden regelmäßig Auftrittsmöglichkeiten im Rahmen der damals sehr beliebten musikalischen Abendgesellschaften in Häusern der ersten Wiener Gesellschaft organisierte und diese Konzerte auch selbst leitete. So beschreibt Josef Ritter Weis von Ostborn in einem Brief vom 4. Januar 1890 an seinen Neffen Victor Freiherr von Rokitansky, dass beispielsweise eine Familie Duvivier

> durch mehrere Jahre hindurch im Winter bis Mai jeden Freitag die Schüler Salieri's und andere ausgezeichnete Dilettanten [vereinigte …], welche unter der persönlichen Leitung Salieri's Concerte mit einem classischen Programm von Arien, Duetten, Terzetten und Quartetten zur Aufführung brachten.[5]

Geprobt wurde – laut Ritter Weis von Ostborn – ebenfalls unter der Leitung Salieris jeden Mittwochabend „im Hause des Appelations-Secretärs Herrn Ignaz von Freytag", und nicht selten wurden diese Konzerte außerdem „in Costüm und Spiel" veranstaltet. Diese „costümierten Concerte" setzten nicht nur Stimmbeherrschung und die Fähigkeit zum musikalischen Zusammenspiel voraus, sondern förderten auch die darstellerischen Fertigkeiten der Schüler:innen, waren also eine umfassende Vorbereitung für eine spätere Bühnenlaufbahn. Darüber hinaus könnten auch die gesellschaftlichen Netzwerke, die sich aus diesen Zusammenkünften entwickelten, für die späteren Karriereverläufe von Nutzen gewesen sein. Außerdem dürfte Salieri auch die musikalische Zusammenarbeit seiner Gesangsschüler:innen mit seinen Kompositionsschülern angeregt und gefördert haben. So wird beispielsweise berichtet, dass Franz Schubert mit Caroline Unger, einer Schülerin des Salieri-Schülers und erfolgreichen Gesangspädagogen Joseph Mozatti, die Partie der Dorabella in Mozarts *Cosi fan tutte* für ihr Debüt an der Wiener Hofoper musikalisch einstudierte oder Franz Liszt gelegentlich Amalie Hähnel in ihren Gesangsstunden bei Salieri am Klavier begleitete. Betrachtet man die europaweiten Engagements der Gesangsschüler:innen Salieris, so fällt auf, dass diese wiederholt gemeinsam in Konzerten und Opernproduktionen auftraten und auch in einer bemerkenswerten Anzahl an Ur- und Erstaufführungen von Bühnenwerken aus der Feder von Salieris Kompositionsschülern mitwirkten. Dass Salieri mit seinen Schüler:innen zeitlebens in Kontakt blieb und dieses Künstlernetzwerk gern pflegte, kann am Beispiel einer musikalischen Feier anlässlich seines 50-jährigen Dienstjubiläums am kaiserlichen Hof im Jahr 1816 illustriert werden:

> Salieri saß am Pianoforte, von seinen vier gleich gekleideten Töchtern umgeben. Zur Rechten, in einem Halbkreise, vierzehn Schülerinnen; zur Linken ebenso zwölf Schüler. [...] Diese, theils ehemaligen, theils noch wirklichen Schüler und Schülerinnen waren, in der Composition: die Herren Carl Freiherr v. Doblhof, Jos. Weigl, Hummel, Moscheles, Stunz, Schubert, Aßmeyer, Liszt; im Gesange: Die Herren Mozatti, Fröhlich, Platzer und Salzmann; die Damen: Rosenbaum, Fux (Beide geborne Gaßmann) Cornega, Flamm, Klieber, Schütz, Milani, Hähnel, Canzi, Franchetti, Teyber, Frey, Weiß, und v. Mathes. Zu seinen Gesangschülern aus früherer Zeit gehörten: Lotti, der Abbate Basilio Meraglio und die Sängerinn Cavalieri.[6]

Viele der Schüler:innen Salieris kamen auch anlässlich seines Ablebens im Jahr 1825 zusammen, um das von ihrem Lehrer selbst komponierte Requiem musikalisch zu gestalten. In der *Wiener Zeitschrift* ist am 27. August 1825 dazu zu lesen:

> Die Soloparten wurden von zwey ausgezeichneten Dilettantinnen, Schülerinnen Salieri's, einem andern Schüler des Meisters, und dem Gesanglehrer Hrn. Mozatti, ebenfalls einem Schüler Salieri's, vortrefflich ausgeführt. Der von den k. k. Hofsängerknaben vorgetragene Chor wurde noch von vier weiblichen Stimmen vermehrt, welche Damen ebenfalls als Schülerinnen Salieri's bey dieser rührenden Feyerlichkeit mitwirken zu dürfen sich ausgebethen hatten.[7]

Salieri bildete sowohl Frauen- wie Männerstimmen aus und konnte auf erfolgreiche Sänger:innen in vielen Stimmgattungen und -fächern verweisen. Rudolph Angermüller führt in seiner ausführlichen Publikation über Antonio Salieri 31 Gesangsschüler:innen an, allerdings geben die bis dato verfügbaren biographischen Informationen über einen guten Teil dieser Sänger:innen nur ein bruchstückhaftes Bild und sind oftmals wenig aussagekräftig. Eine umfassende Erforschung

Abb. 2: Caterina Cavalieri als Sophie

und Darstellung dieser Künstlerbiographien wäre wünschenswert und lohnend, könnten die Lebensentwürfe dieser Persönlichkeiten doch neue Blickweisen auch auf Antonio Salieri selbst eröffnen. Im Folgenden sollen daher stellvertretend vier Künstler:innen – entsprechend den vier Stimmgattungen – vor den Vorhang geholt werden: die Sopranistin Caterina Cavalieri, die Mezzosopranistin Amalie Hähnel, der Tenor Julius Cornet und der Bassist Joseph Seipelt.

Über Caterina Cavalieris erste Lebensjahre ist sich die Musikgeschichte uneins. Bis heute liegen sowohl Geburtsdatum wie auch Taufname im Dunkeln, doch wird meist angenommen, dass es sich bei der berühmten Koloratursopranistin um Katharina Magdalena Josepha Kavalier handelt, die im Jahr 1755 im damaligen Wiener Vorort Lichtental als eine der zahlreichen Töchter des Musikers Joseph Carl Kavalier geboren wurde. Katharina Kavalier, die sich erst später den italienisch klingenden Künstlernamen zulegte, erhielt bereits in jungen Jahren Gesangsunterricht, erregte schon bald mit ihrer schönen Stimme in Kirchenkonzerten Aufmerksamkeit und wurde in Folge ab dem Jahr 1773 von Antonio Salieri ausgebildet. Bereits zwei Jahre später, 1775, gab sie ihr Debüt am Wiener Kärntnertortheater und feierte ab 1778 große Erfolge, vor allem in Partien des von Kaiser Joseph II. verordneten „Teutschen Nationalsingspiels". Als eine der ersten Schülerinnen Salieris wurde Caterina Cavalieri zeitlebens von ihrem beinahe gleichaltrigen Lehrer protegiert und trat in zahlreichen Opern ihres Förderers in markanten Rollen auf. Doch auch zu Wolfgang Amadé Mozart entwickelte sich eine starke künstlerische Verbindung. 1782 sang Caterina Cavalieri in der Uraufführung von Mozarts *Die Entführung aus dem Serail* die für sie maßgeschneiderte Partie der Konstanze und trug nicht unerheblich zum Erfolg dieses Singspiels bei. Im Laufe ihrer Karriere wurde sie zu einer von Mozarts Lieblingssängerinnen, für die der Komponist nicht nur die Sopranpartie in der Kantate *Davide penitente* KV 469 oder die große Einlagearie der Donna Elvira für die Wiener Aufführung seines *Don Giovanni* verfasste, sondern der er in der Partie der Mademoiselle Silberklang im Singspiel *Der Schauspieldirektor* sogar ein musikalisches Denkmal setzte. Melanie Unseld zufolge galt Caterina Cavalieri bis zu ihrem Rückzug von der Bühne im Jahr 1793 als eine der großen Primadonnen in Wien, die durch eine kraftvolle und zugleich höchst flexible Stimme mit großem Umfang beeindruckte.[8] So kann man auch am 10. November 1790 in der *Musikalischen Korrespondenz* anlässlich einer öffentlichen kaiserlichen Tafel zur Feier einer doppelten Prinzenhochzeit lesen: „Dabei war eine wohl besetze Tafelmusik, die Salieri noch dirigierte. Mlle Cavalieri und Hr. Calveri haben jedes eine Arie, dann ein Duo zusammengesungen. Erstere hat sich besonders durch die Stärke ihrer Stimme sehr wohl ausgenommen."[9] Caterina Cavalieris künstlerisches Zentrum blieb zeit ihres Lebens Wien, wo sie auch im Jahr 1801 verstarb.

Wiewohl viele der Gesangsschüler:innen Antonio Salieris an der Wiener Hofoper debütierten oder im Laufe ihrer Karriere dort auftraten, gelangte eine nicht geringe Anzahl von ihnen auch zu europaweiter Bekanntheit. Eine davon war die Mezzosopranistin Amalie Hähnel, zu deren ersten Lebensjahren unterschiedliche Angaben zu finden

Abb. 3: Amalie Hähnel

sind. Einigkeit herrscht in den Quellen bezüglich des Geburtsjahres, das mit 1807 angegeben wird, doch was den Geburtsort angeht, so wird an manchen Stellen davon gesprochen, dass Amalie Hähnel im böhmischen Gießhübel geboren und mit ihrer Familie im Alter von sechs Jahren nach Wien übersiedelt sei, an anderen Stellen wird wiederum Wien als Geburtsort angegeben. Unbestritten ist, dass Amalie Hähnel von Antonio Salieri und dem italienischen Tenor Giuseppe Cicimarra, der nach dem Ende seiner Bühnenlaufbahn in Wien am Konservatorium der Gesellschaft der Musikfreunde lehrte, ausgebildet wurde. Nach ersten Erfolgen auf der Konzertbühne debütierte die Sängerin in der zweiten Hälfte der 1820er-Jahre an der Wiener Hofoper als Rosina in Rossinis *Il barbiere di Siviglia*. Bereits damals rühmte man ihren großen Stimmumfang wie auch ihre Kehlfertigkeit und musikalische Gestaltung. „Beyde Sängerinnen, die Desm. Siebert und Hähnel wirkten durch ihre schönen Stimmen, durch ihre Bravour und ihren richtigen Vortrag auf das Angenehmste", ist in einer Konzertkritik in der *Wiener Theater-Zeitung* vom 3. März 1829 zu lesen.[10] Nach Gastspielen in Prag und Dresden folgte Amalie Hähnel 1832 einem Ruf an das Königsstädtische Theater Berlin, an dem sie rasch zum Publikumsliebling avancierte. Anlässlich eines ihrer Gastspiele an der Lemberger Oper schrieb ein Kritiker namens Transylvanus in der *Wiener Theater-Zeitung* vom 3. Oktober 1835: „Gesanges-Königin, Euterpens Hohepriesterin, Nachtigall u. d. gl. sind allzuverbrauchte und unzulängliche Ausdrücke des unbeschreiblichen Entzückens, in das uns Dem. Hähnel versetzt hat", um weiter unten von „Dem. Hähnels hoher Meisterschaft in Wort, Ton und Geberde" zu sprechen und auszuführen, dass „Gesang und Mimik […] noch nie vereint in größerer Vollendung anzutreffen [waren] als bei unserer Heroin."[11] 1841 erfolgte der Wechsel an die Berliner Hofoper, an der die Künstlerin weiterhin im italienischen Fach große Erfolge feierte, vor allem aber mit der Partie des Romeo in Bellinis *I Capuleti e i Montecchi* nachdrücklich in Erinnerung blieb. Für ihre künstlerischen Verdienste zur Kammersängerin ernannt, zog sie sich bereits 1845 von der aktiven Bühnenlaufbahn zurück und wirkte fortan als geschätzte Gesangspädagogin in Berlin und Wien, wo sie auch 1849 im Alter von 42 Jahren verstarb.

Anders verlief der Lebensweg des im Jahr 1793 in St. Candido in Südtirol geborenen Tenors Julius Cornet, einer schillernden Persönlichkeit des Musiklebens seiner Zeit. Wenngleich Cornet bereits als Sängerknabe des Stiftes Wilten bei Innsbruck seinen ersten Gesangsunterricht erhielt, war eine Karriere als Berufssänger zunächst nicht Teil seiner Lebensplanung. Als junger Mann übersiedelte er nach Wien, um das Studium der Rechtswissenschaften zu absolvieren, trat aber laut Ludwig Eisenberg in Studentenvereinen mit seiner schönen Stimme derart hervor, dass Antonio Salieri seine Gesangsausbildung über-

Abb. 4: Julius Cornet

nahm.¹² Nach einem überaus erfolgreichen Einspringen bei einem kaiserlichen Festkonzert im Jahr 1816 debütierte Julius Cornet nur ein Jahr später an der Wiener Hofoper in den Rossini-Opern *Tancredi* und *L'italiana in Algeri*. Nach Engagements in Braunschweig, Frankfurt und an der Münchner Hofoper gelangte Cornet nach Paris, wo er von Daniel-François-Esprit Auber sehr gefördert wurde, in dessen Opern er seine größten Erfolge feierte. So wurde beispielsweise die Partie des Masaniello in Aubers *La muette de Portici* zu einer seiner Paraderollen. Julius Cornet war aber nicht nur als Sänger äußerst erfolgreich, sondern ab 1841 auch als Theaterdirektor. Zunächst leitete er das Stadttheater in Hamburg, in den Jahren 1853 bis 1858 sogar die Wiener

Hofoper und in den Jahren bis zu seinem Tod 1860 das Berliner Victoria-Theater. Darüber hinaus trat Julius Cornet als Autor der Publikation *Die Oper in Deutschland und das Theater der Neuzeit. Aus dem Standpunkte praktischer Erfahrung* in Erscheinung, übersetzte Opernlibretti aus dem Französischen ins Deutsche und gründete 1848 in Hamburg ein privates Gesangskonservatorium.[13] Trotz oder möglicherweise gerade wegen dieser Vielseitigkeit und der damit verbundenen zahlreichen Erfolge dürfte die Wertschätzung für diesen Künstler nicht immer ungetrübt gewesen sein, schenkt man dem letzten Absatz eines von Julius Lasker verfassten Nekrologs Glauben.

> Julius Cornet hat vieler Menschen Länder gesehen und vieler Menschen Ohren durch seinen Gesang erfreut. In seinem Leben pfiff ihm mancher Gimpel oft ein widerliches Lied. Ueber des Sängers Grab erhebe sich eine schattige Laube, und wenn der Lenz kommt und die Blätter grün und dicht werden, weihe darin dem Verklärten eine verwandte Nachtigall die wehmüthigen Töne der Erinnerung![14]

Ebenfalls ungewöhnlich entfaltete sich die künstlerische Karriere des Bassisten Joseph Seipelt. 1787 im heutigen Ungarn geboren, besuchte er nach dem frühen Tod seines Vaters das Gymnasium in Pressburg. Nach einer Anstellung in Triest und ersten Berührungspunkten mit der Oper gelangte Joseph Seipelt nach Wien, wo er über Vermittlung des Kapellmeisters Joseph Ritter von Seyfried eine Anstellung im Opernchor des Theaters an der Wien erhielt und wo ihn Antonio Salieri unentgeltlich weiter ausbildete. Joseph Seipelts erstes Engagement als Solist führte ihn nach Lemberg, wo er große Erfolge als Sarastro in Mozarts *Zauberflöte* feierte. Nach einer krankheitsbedingten Pause folgten Engagements in Hermannstadt, Temesvar, Linz und 1822 bis 1823 an der Wiener Hofoper. Er verkörperte Mozart-Partien wie den Don Giovanni in der gleichnamigen Oper oder den Grafen Almaviva in *Le nozze di Figaro,* aber auch den Podestà in Rossinis *La gazza ladra*. Die *Wiener Theater-Zeitung* vom 16. Juni 1825 schrieb über den Sänger:

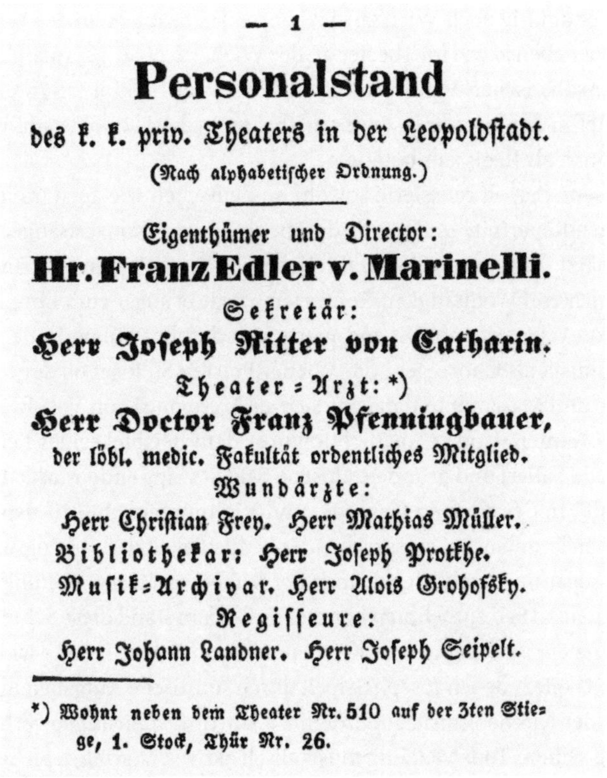

— 1 —

Personalstand

des k. k. priv. Theaters in der Leopoldstadt.

(Nach alphabetischer Ordnung.)

Eigenthümer und Director:
Hr. Franz Edler v. Marinelli.

Sekretär:
Herr Joseph Ritter von Catharin.

Theater = Arzt: *)
Herr Doctor Franz Pfenningbauer,
der löbl. medic. Fakultät ordentliches Mitglied.

Wundärzte:
Herr Christian Frey. Herr Mathias Müller.
Bibliothekar: Herr Joseph Protkhe.
Musik=Archivar. Herr Alois Grohofsky.

Regisseure:
Herr Johann Landner. Herr Joseph Seipelt.

*) Wohnt neben dem Theater Nr. 510 auf der 3ten Stiege, 1. Stock, Thür Nr. 26.

Abb. 5: Personalstand Theater in der Leopoldstadt

Herr Seipelt, welcher schon mehrere Jahre als Bassist hier engagiert, ist ein tüchtiger Sänger und besonders in Ensemblestücken ein fester Musiker; sein Sarastro, Mafferu im „unterbrochenen Opferfest;" Finström im „Thurm von Gothenburg"; Dobrin im „Wladimir" verdienen besondere Erwähnung.[15]

Am 3. Januar 1826 war im selben Blatt zu lesen: „Die Baßstimme des Herrn Seipelt ist kraftvoll und modulationsfähig, und seine Tiefe ist eben so wohlklingend und sonor, als seine Höhe."[16] Nach weiteren Verpflichtungen in den östlichen Kronländern der Habsburgermonarchie leitete Joseph Seipelt vier Jahre das Theater in Brody, bevor er

1831 endgültig nach Wien zurückkehrte. Hier sang er an der Wiener Hofoper ebenso wie im Theater an der Wien, wo er ab 1831 parallel zu seiner solistischen Verpflichtung auch als Chordirektor tätig war, am Theater in der Josefstadt sowie am Theater in der Leopoldstadt, wo er sich auch als Regisseur betätigte.

Joseph Seipelt reüssierte sowohl im deutschen wie auch im italienischen Repertoire und wurde darüber hinaus als Konzertsänger sehr geschätzt. Aufgrund seiner zahlreichen unentgeltlichen Auftritte im Rahmen von Wohltätigkeitskonzerten wurde er sogar zum Ehrenbürger von Wien ernannt. Er engagierte sich darüber hinaus in der Kirchenmusik als Chorregent der Wiener Pfarren St. Josef ob der Laimgrube und Mariahilf und machte sich als Komponist von Vokalwerken einen Namen. Und schließlich folgte er dem Beispiel seines Lehrers Antonio Salieri und gründete „Joseph Seipelt's Sing- und Musik-Lehranstalt", in der Knaben Gesangs- und Violinunterricht in Anspruch nehmen konnten, bei entsprechender Bedürftigkeit den Gesangsunterricht sogar unentgeltlich, wie man der *Lemberger Wiener Zeitung* vom 13. August 1840 entnehmen konnte. Außerdem stand diese Schule Erwachsenen, „welche sich der Kirchenmusik oder dem Theater widmen wollen", offen, denen Joseph Seipelt durch solistische Aufgaben im Bereich der Kirchenmusik außerdem zu Auftrittserfahrungen verhalf.[17] Bis zu seinem Tode vielfältig musikalisch aktiv verstarb Joseph Seipelt im Jahr 1847 in Wien.

Versucht man aus diesen vier Biographien Rückschlüsse auf den Gesangspädagogen Antonio Salieri zu ziehen, so lässt sich sagen, dass er zeitlebens höchst engagiert Schüler:innen aller Altersgruppen, Stimmgattungen und Ausbildungsstufen unterrichtet hat und diese auch teilweise unentgeltlich in ihrem Fortkommen unterstützt haben dürfte. Folgt man den zeitgenössischen Rezensionen, so scheint die Heranbildung von klangvollen, beweglichen, modulationsfähigen und in allen Lagen ausgeglichenen Stimmen sowie die Schulung von Deklamation, Wortdeutlichkeit und darstellerischem Ausdruck sein übergeordnetes gesangspädagogisches Ziel gewesen zu sein. Insgesamt dürfte er Wert auf eine musikalisch umfassende Bildung gelegt haben, die, zumindest den männlichen Schülern, später ein breites berufliches Spektrum eröffnen sollte. Darüber hinaus könnte auch seine Begeisterung für pädagogisches Handeln als Inspiration und Vorbild gedient haben. Und schließlich dürfte Antonio Salieri seinen Schüler:innen nicht nur als Lehrer, Förderer und Netzwerker, sondern auch auf menschlicher Ebene verbunden gewesen sein und den Austausch mit ihnen zeitlebens geschätzt haben.

Markus Böggemann

Übermut, orchestral

Salieris *26 Variationen über "La Folia di Spagna"*

Antonio Salieri war kein Instrumentalkomponist. Nur wenige Werke sind von ihm überliefert, die nicht in der einen oder anderen Form den Gesang in den Mittelpunkt stellen. Aus seinen frühen Wiener Jahren stammen sechs Konzerte für verschiedene Soloinstrumente (Klavier, Orgel, Flöte und gemischte Besetzungen), auch eine Sinfonie mit dem Titel *Il giorno onomastico* („Der Namenstag") hat sich erhalten. Daneben finden sich einige sogenannte ‚Harmoniemusiken' für Bläser – Serenaden, Märsche, Tänze – und einzelne Gelegenheits- und Studienwerke. Für eine mehr als 50-jährige Komponistenkarriere ist das nicht viel. Eine solche gleichsam ‚negative Spezialisierung' war im späten 18. Jahrhundert allerdings nichts Ungewöhnliches: Man sollte selbstverständlich alles können – deshalb hatte sich Beethoven noch von Salieri in der Vertonung italienischer Verse unterrichten lassen[1] –, musste aber in seiner täglichen Arbeit durchaus nicht alle Gattungen in gleicher Weise berücksichtigen. Was man komponierte, hing ab von Amtspflichten, Aufträgen und konkreten Aufführungsmöglichkeiten, zu denen gegebenenfalls auch die eigenen instrumentalen Fertigkeiten zählten. Diese waren bei Salieri geringer als beispielsweise bei Mozart, der sich ab 1782 in Wien mit einer Reihe von Klavierkonzerten planvoll als komponierender Instrumentalvirtuose einführte,[2] der außerdem auch Singspiele schrieb (*Die Entführung aus dem Serail* KV 384 war 1782 ein großer Erfolg). Salieri hingegen erscheint als ein international anerkannter Opernkomponist und (Hof-)Kapellmeister, der früher einmal auch das eine oder andere Instrumentalstück geschrieben hat.

Um so überraschender mutet vor diesem Hintergrund die letzte größere Komposition Salieris an, die 1815 entstandenen *Ventisei Variazioni sull'aria detta La Follia di Spagna* für Orchester. Überraschend, ja irritierend ist nicht nur die Rückwendung des 65-jährigen Komponisten zur selbstständigen Instrumentalmusik, die er fast 40 Jahre nicht gepflegt hatte, sondern mehr noch, dass sie mit einem Werk erfolgt, für das es kein Vorbild, keinen Vergleich und keinen Gattungszusammenhang zu geben scheint. Variationen für Orchester kommen um 1800 innerhalb von Sinfonien und Solokonzerten als langsame oder, wie im Fall von Beethovens 3. Sinfonie, als Finalsätze vor. Auch als eigenständige Konzertstücke für ein Soloinstrument mit meist sehr untergeordneter Begleitung des Orchesters etablieren sie sich – und werden in den folgenden Jahrzehnten als Opernfantasien, *Airs variés*, *Variations brillantes* o. ä. zu einem massenhaften Phänomen auf dem Musikalienmarkt und den Konzertbühnen. Aber als Einzelwerk für ein noch dazu sehr groß und farbig besetztes Orchester stehen Salieris *26 Variationen* tatsächlich ohne Vorläufer da – und bis zu Johannes Brahms' *Variationen über ein Thema von Joseph Haydn* op. 56a von 1873 auch ohne Nachfolger. Diese musikhistorische Folgenlosigkeit lässt sich jedoch leicht erklären: Die Variationen blieben, wie vieles von Salieri, ungedruckt. Sie liegen zusammen mit seinen übrigen autographen (d. h. von ihm eigenhändig geschriebenen) Partituren in der Musiksammlung der Österreichischen Nationalbibliothek und haben erst in jüngerer Zeit wieder Interesse gefunden.

Ungewöhnlich ist auch das Thema der Variationen – es dürfte für Hörer:innen um 1815 den Reiz des sehr Alten, des aus der Zeit Gefallenen gehabt haben. Die „Follia di Spagna" oder auch schlicht „Fo[l]lia" genannte Musik ist mehr als eine Melodie und weniger als eine vollständige Komposition: Es handelt sich bei ihr um ein aus der Tanzmusik stammendes melodisch-harmonisches Modell, bestehend aus einem Melodiegerüst und einer damit verbundenen Akkordfolge. Das

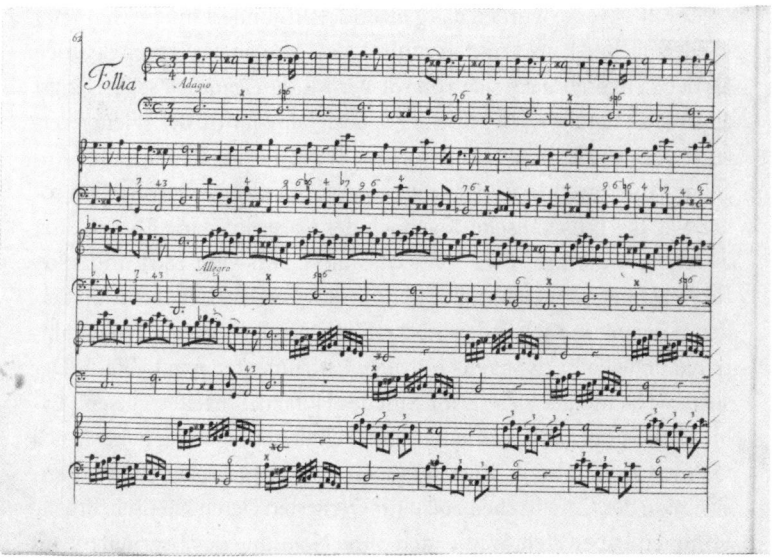

Abb. 1: Arcangelo Corelli, *La Follia* op. 5, Nr. 12 (Beginn), aus den *[XII] Sonate a Violino e Violone o Cimbalo*, Rom 1700

prädestiniert sie zu Variationen, und seit ihrem Auftauchen in der spanischen Instrumentalmusik des 16. Jahrhunderts wurde sie genau dafür genutzt. „Folia" bedeutet „Übermut" oder „Tollheit", und in der Addition immer neuer Varianten über einem stets gleichbleibenden, die Harmonik definierenden Bass liegt auch wirklich eine Steigerungslogik, eine Tendenz zur Eskalation und zum Exzess, die die Entfaltung instrumentaler Virtuosität geradezu fordert. Auch deshalb ist die Folia im 17. und 18. Jahrhundert in ganz Europa verbreitet und beliebt als Grundlage virtuoser Variationszyklen für Gitarre, Violine, Viola da gamba und andere Soloinstrumente. Komponisten wie Antonio Vivaldi (in seinen Triosonaten op. 1), Marin Marais (im 2. Buch seiner *Pièces de Viole*) oder Carl Philipp Emanuel Bach (*12 Variationen über die Folie d'Espagne* für Tasteninstrument) schreiben teils umfangreiche Werke über das Thema. Keines aber hat solche Berühmtheit erlangt wie Arcangelo Corellis *La Follia*, das Schlussstück aus seinen zwölf Violinsonaten op. 5 (Abb. 1).

Corellis Werke wurden das ganze 18. Jahrhundert hindurch immer wieder nachgedruckt und in zahlreichen Ausgaben verbreitet,[3] auch als der Zeitgeschmack sich von solcher Musik eigentlich schon längst abgewandt hatte – noch Mitte der 1790er-Jahre führte der Wiener Verleger und Musikalienhändler Johann Traeg die Sonaten op. 5 im Angebot.[4] Interesse hierfür war durchaus vorhanden – allerhöchstes sogar, wie das musikalische Tagebuch der Kaiserin Marie Therese, der zweiten Frau Franz' II./I., zeigt, das diese zwischen 1801 und 1803 führte. Unter dem Datum des 18. Juli 1802 verzeichnet es eine „Ackademie bei mir mit folgenden Stücken" und nennt als letzten Programmpunkt „Die Follia di Spagna mit allen Instrumenten von Eybler".[5] Der spätere Nachfolger Salieris im Amt des Hofkapellmeisters, Joseph Eybler, hat ein solches Werk jedoch gar nicht komponiert; es handelt sich vielmehr, wie John A. Rice herausfinden konnte, um Eyblers Transkription der Corelli'schen *Follia* für Orchester. Deren handschriftliche Stimmen haben sich, wenn auch ohne Nennung des Bearbeiters, im Bestand der kaiserlichen Musikalien erhalten.[6]

Ob Salieri diese Bearbeitung gekannt oder vielleicht sogar gehört hat, wissen wir nicht. 1802 arbeitete Eybler noch nicht so dicht an der Seite und unter den Augen Salieris, wie er es dann zwei Jahre später mit der Ernennung zum Vizehofkapellmeister tun sollte. Und die Aufführung selbst wird in privater – wenn auch nicht, wegen der Vielzahl der Mitwirkenden, intimer – Atmosphäre, ohne Öffentlichkeit stattgefunden haben.[7] Für die uns später noch beschäftigende Frage nach Motivation und Entstehungsanlass der Salieri'schen Variationen spielt Eyblers Bearbeitung aber auch keine Rolle. Es liegen 13 Jahre zwischen beiden Werken, das macht einen wie auch immer gearteten Einfluss Eyblers unwahrscheinlich. Entscheidend ist vielmehr der Umstand, dass die Folia in Wien präsent war – als Komposition Corellis, aber auch als das abstrakte harmonisch-melodische Modell, das der individuellen kompositorischen Arbeit zur Verfügung stand.

Und dann gab es ja auch noch die Oper. Hier bediente man sich gern der Folia, um spanisches Lokalkolorit zu beschwören. Vor allem in Frankreich galt Spanien bis ins 20. Jahrhundert hinein als der exotische Nachbar, als das ‚Nächstfremde', das sich künstlerisch reizvoll ausmalen ließ – Georges Bizets *Carmen* und auch noch Maurice Ravels *L'Heure espagnole* stehen in dieser Tradition. In Wien beginnt die Verwendung der Folia als spanische ‚couleur locale' im Musiktheater denn auch mit dem französischen Import der Opéra comique: „When Opéra-comique came to Vienna, La Folia came with it."[8] Ein Beispiel ist André-Ernest-Modeste Grétrys *Les Fausses Apparences ou L'Amant jaloux* (1778), die als *Der eifersüchtige Liebhaber* 1780 in Wien auf die Bühne kam. Die Handlung spielt in Spanien, das Modell der Folia bildet die Grundlage für ein kurzes Duett „Le mariage est une envie".[9] Luigi Cherubinis Opéra comique *L'Hôtellerie portugaise* (in Wien 1803/04 als *Der portugiesische Gasthof* aufgeführt) lässt die Folia immerhin in der Ouvertüre anklingen,[10] während in seiner im maurischen Spanien spielenden großen historischen Oper *Les Abencérages* (1813) ein Teil der Ballettmusik des ersten Akts aus Folia-Variationen besteht.[11]

Salieris *Follia-Variationen* brachten bei den Wiener Hörer:innen gleich mehrere Saiten zum Klingen. In ihnen resonieren verschiedene, einander überlagernde Kontexte, die sich aus den zwei Rezeptionssträngen des Themas ergeben: den virtuosen Variationsfolgen für Soloinstrumente, wie sie bis ca. 1730 und in Einzelfällen auch darüber hinaus vorliegen, und der Verwendung als spanisches Kolorit in der Oper, instrumental als Ballettmusik oder vokal als Gesangsnummer. Das Alte und das Fremde, die Patina des Modells und die ihm zugeschriebene Farbe des geografisch und kulturell Randständigen verbinden sich mit Erwartungen an solistischen Glanz und mitreißenden Bewegungsimpuls.

So oder ähnlich ließe sich der ästhetische Ort der *Follia-Variationen* und die daran anknüpfende Hörerwartung des zeitgenössischen Publikums beschreiben. Allerdings wollte bei der ersten überlieferten Aufführung der Variationen in einem Wohltätigkeitskonzert der Tonkünstler-Societät (deren Vorstand Salieri angehörte) am 22. Dezember 1818 der Funke nicht überspringen, glaubt man dem Rezensenten der Wiener *Allgemeinen musikalischen Zeitung*:

Grosse musikalische Akademie, gegeben von der Tonkünstler-Gesellschaft zum Vortheile ihres Witwen- und Waisen-Fondes. 1. La Tempesta mit 2 Chören von weil. Herrn Leop. Kozeluch. 2. Terzett von Cimarosa (Dlle. Klieber, Teyber, Herr Simoni.) 3. Concertante Variationen über ein spanisches Thema, vorzüglich für Violin und Harfe (Wranitzky Sohn und Katschirek[)], schliessend mit einem Vocal-Canon sammt Chor (das Lob der Musik) von Herrn Salieri's Composition. 4. Adagio und Rondo für die Violine von Polledro (Wranitzky Sohn.) 5. Terzett von Rossini. 6. Grosse Fantaisie mit ganzem Orchester von Herrn Neukomm. 7. Cantate (die Feyer des allgemeinen Friedens) von F. W. Berner. – Die Gesellschaft hat Nro. 1. 6. 7. ausgenommen, im Durchschnitte keine gute Auswahl getroffen, wie aus dem Programm zu ersehen ist, denn entweder sind die Musikstücke, oder zum Theil die Besetzung der Hauptparte zu wenig anziehend, um unserm Publikum, das doch sonst immer gerne den guten Zweck unterstützt, einen Genuss muthmassen zu lassen, den es unter dem Schwall von Concerten gerade bey dieser Tonkünstler-Gesellschaft vorauszusetzen berechtigt ist, daher hatten sie ein ziemlich leeres Haus, und die, welche zugegen waren, konnten damit nichts weniger als zufrieden seyn, daher der äusserst geringe Beyfall […]. Der Erfolg war am folgenden Tage mit Abänderung einiger Musikstücke nicht besser.[12]

Komponiert wurden die Variationen bereits drei Jahre zuvor, im Dezember 1815. So hat sie Salieri im Autograph seiner Partitur rechts neben der Überschrift datiert. Mit einer anderen, dünneren Feder, also aus einem mutmaßlich späteren Schreibvorgang stammend, notierte er am rechten Rand „durano un quarto d'ora" (sie dauern eine Viertelstunde) sowie einen Hinweis zur Verdoppelung der Holzbläser. Beides ist wegen eines Beschnitts der Seite nicht mehr komplett lesbar, lässt sich aber zweifelsfrei ergänzen. Ebenfalls abgeschnitten ist die Korrektur der Überschrift aufgrund der nachträglichen Streichung einer Variation: Das „Ventisei" (26) wurde (irrtümlich) in „Ventiquattro" (24) korrigiert, anscheinend mit derselben dünneren Feder und helleren Tinte wie die Randbemerkungen (Abb. 2).

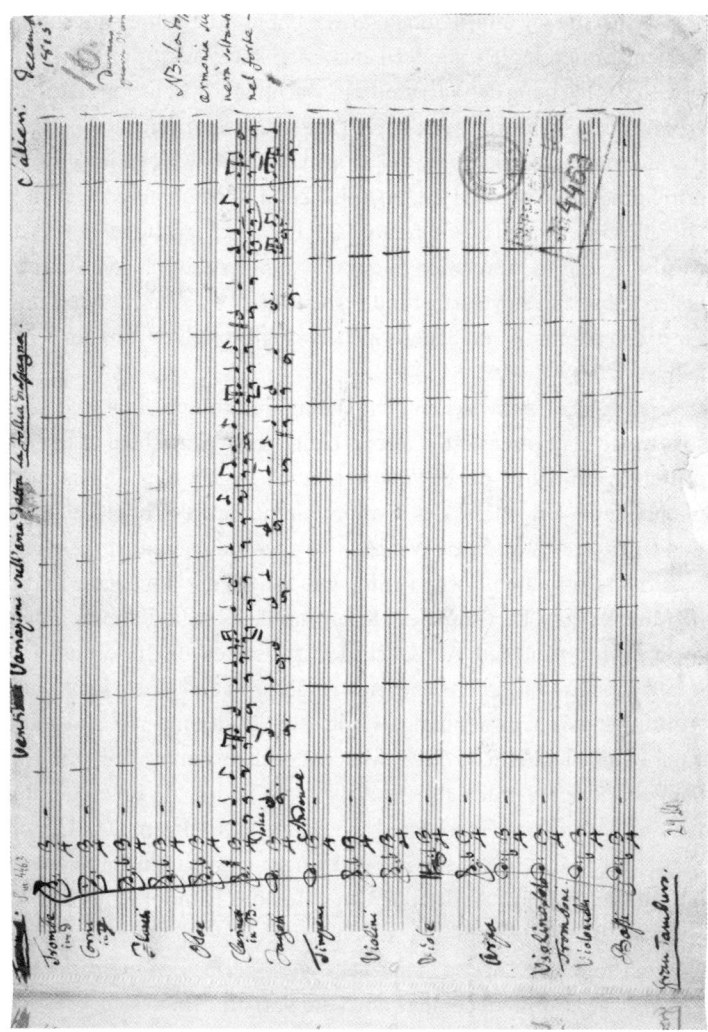

Abb. 2: Antonio Salieri, *Venti[sei] Variazioni sull'aria detta la Follia di Spagna*, autographe Partitur, Beginn

Das macht es wahrscheinlich, dass nicht nur die aufführungspraktischen Anmerkungen, sondern auch die Titelkorrektur und ihr Anlass – die Streichung der Variation 21 – nachträglich, d. h. im Anschluss an eine erste Aufführung erfolgten. Eine solche Revision passt ins Bild des alternden Salieri, der seit 1822 seine Bühnenwerke noch einmal durchging und zum Teil mit ausführlichen Kommentaren versah.[13] Diese Erläuterungen zu Genre und Stil der jeweiligen Oper sowie zu Ausdruck und Interpretation einzelner Nummern durch den Komponisten selbst sind einzigartig für das 18. und frühe 19. Jahrhundert und für das Verständnis von Salieris ästhetischen Absichten außerordentlich wertvoll.[14]

Die Frage, ob es zwischen dem Datum der Komposition und dem so unvorteilhaft rezensierten Konzert kurz vor Weihnachten 1818 eine weitere Aufführung der *Follia-Variationen* gegeben hat, muss zwar offenbleiben, ein anlassloses Komponieren ‚für die Schublade' – zumal eines so aufwendigen Werkes – ist aber nicht anzunehmen, erst recht nicht für einen Komponisten wie Salieri, der noch ganz in der handwerklichen Tradition des 18. Jahrhunderts steht. Er komponiert nicht aus individuellem Ausdrucksbedürfnis oder für eine diffuse Zukunft, sondern für Arbeit- bzw. Auftraggeber und in einem konkreten Aufführungszusammenhang, wie ja seine Bühnenwerke und seine Kirchenmusik deutlich zeigen. Man hat deshalb gemutmaßt, die *Follia-Variationen* könnten als eine Art Einlage in der von Salieri geleiteten Aufführung von Georg Friedrich Händels Oratorium *Das Alexanderfest* am 22./23. Dezember 1815 erklungen sein, als Illustration jener Macht der Musik, von der der Untertitel des Händel'schen Werks spricht.[15] Belege dafür gibt es jedoch keine, eine – ziemlich säuerliche – Rezension des Konzerts in der Leipziger *Allgemeinen musikalischen Zeitung* erwähnt weder Salieri noch die Variationen:

> Am 22sten u. 23sten gab die Musik-Societät zum Vortheile ihrer Wittwen und Waisen in dem Theater nächst der Burg Händels *Alexanders Fest*, mit Mozarts vermehrter Instrumentalbegleitung. […] Von der Ausführung der Cantate kann nichts Gutes gesagt werden.[16]

Abb. 3: Georg Friedrich Händel, *Timotheus oder die Gewalt der Musik*, Textbuch

Händels *Alexander's Feast or The Power of Musick* auf einen Text von John Dryden war in Wien auch unter dem Titel *Timotheus oder die Gewalt der Musik* geläufig und wurde, in der Bearbeitung Mozarts, regelmäßig aufgeführt – 1812 sogar in einer gigantischen Besetzung von 600 Mitwirkenden unter der Leitung von Salieris Vertrautem und späterem Biographen Ignaz von Mosel.[17]

Wenn sich einstweilen auch kein entstehungsgeschichtlicher Zusammenhang belegen lässt, so treffen sich Mozarts Händel-Bearbeitung und Salieris *Follia-Variationen* doch immerhin in einem zentralen Punkt: Beide machen eine in Teilen fremde, weil auf anderen, historischen Kompositionsprinzipien beruhende Musik durch ihre klangliche (Um-)Gestaltung verständlich. Sie nutzen das klassische Orchester als Übersetzungshilfe für eine Musiksprache, die nicht der

Idee von Diskursivität, der Balance von Frage und Antwort und der Vorstellung von formaler Entwicklung und Rückkehr zu einem Ausgangspunkt entspricht. Möglich ist das, weil das Orchester nicht nur ein Reservoir von Klangfarben bietet, sondern auch eine Ordnungsinstanz darstellt, die Sinn und Verständlichkeit durch Kontraste und Abstufungen ermöglicht.[18] In Salieris *Follia-Variationen* liegt die Herausforderung dabei vor allem auf der großformalen Ebene. Während das symmetrische Thema mit seinen beiden Hälften von jeweils acht Takten, die sich harmonisch wie Frage und Antwort zueinander verhalten, keine Verstehensprobleme aufwirft, müssen die Wiederholung des immer gleichen Harmonieschemas und die stets identische Länge der Variationen von 16 Takten aufgefangen werden, um nicht in Monotonie umzuschlagen. Das gilt um so mehr, als jede Variation (bis auf eine Ausnahme) an ihrem Ende deutlich schließt, die nachfolgende Variation also immer wieder neu ansetzen muss. Salieri begegnet dieser Redundanz, indem er klangliche und motivische Korrespondenzen einerseits zwischen benachbarten und andererseits zwischen weiter entfernten Variationen herstellt. Dabei nutzt er in besonderem Maße die Möglichkeiten der Instrumentation. So gliedern ausgeprägte Soli von Harfe (Var. 4) und Violine (Var. 9, 15, 19) die Musik in etwa gleich lange Strecken, bevor beide Instrumente in der vorletzten Variation – die auch dynamisch und tempomäßig eine dramaturgische Rücknahme vor der Finalvariation bedeutet – erstmals zusammenkommen. Die Variationen zwischen den Soli etablieren vielfältige Verbindungen untereinander, wobei verständlicherweise zunächst solche zwischen nahe beieinander liegenden Variationen dominieren – erst mit zunehmender Anzahl der Variationen lassen sich auch entferntere (Rück-)Bezüge herstellen. Variation 1 und 2 sind z. B. über eine gemeinsame rhythmische Figur eng miteinander verbunden, Variation 3 greift dann, zum Tutti erweitert, den Holzbläserton des Themas wieder auf. Variation 5 schließt in ihrem zweiten Teil rhythmisch an Variation 3 an, ihr erster Teil mit seinem reinen Streicherklang deutet bereits auf den Fandango von Variation 7 hin. Klangfarbliche und motivische Korrespondenzen greifen im weiteren Verlauf häufig ineinander: Wo die einen zugunsten eines Kontrastes ausbleiben, treten die anderen vermittelnd

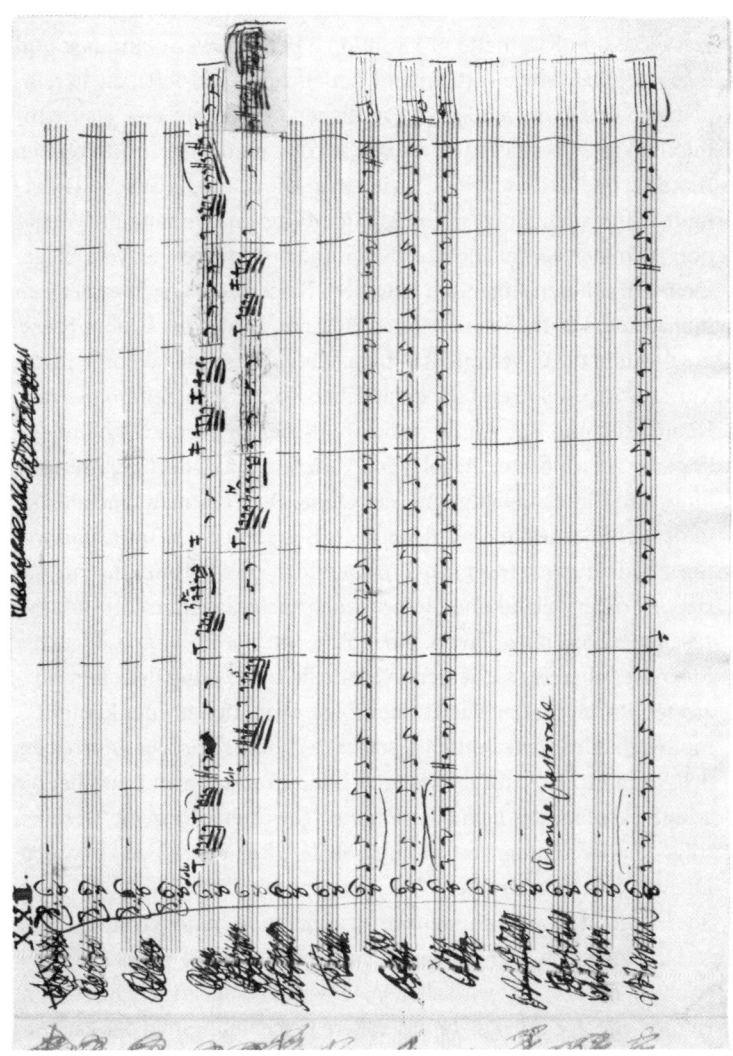

Abb. 4: Antonio Salieri, *Venti[sei] Variazioni sull'aria detta la Follia di Spagna,* autographe Partitur, Variation 21

hinzu: Die Mischfarbe und die trillerartigen, schnellen Wechselnoten von Flöte und Klarinette in Variation 6 beispielsweise sind neu und überraschend (beide Instrumente hatten zuvor pausiert), die hereinplatzenden Akkordschläge des restlichen Orchesters aber, als rhythmische Figur ebenfalls neu, weisen zurück auf die intermittierenden Akkorde im Harfensolo von Variation 4. Die charakteristische Trillerfigur stiftet auch einen weitreichenden Zusammenhang mit Variation 16, in der sie, auf alle Holzbläser und hohen Streicher verteilt, gemeinsam mit den stürmisch bewegten Bässen eine Gewitterszene en miniature erschafft. Einen weiteren Operntopos, den der Ombra-Szene, beschwören die unvermittelt auftauchenden Posaunenakkorde in der Variation 10. Während ihr erratischer Kontrast in Tempo, Satzart, Klangfarbe und Bewegung Außerweltliches aufzurufen scheint, gelingt der Anschluss an die folgende Variation durch die hinzutretende Flöte und ihre Doppelung mit der Oboe. Die Posaunen tauchen erst in der Schlussvariation wieder auf, als Bestandteil des Tuttis und weniger bedeutungsschwer im Ton, aber doch eine Verbindung zur Variation 10 herstellend und diese so noch nachträglich in den Gesamtzusammenhang integrierend. Eine solche Integration kompositorischer Ideen ist Salieris entscheidende Strategie zur Lösung des oben skizzierten Problems der Variationenfolge. Was auch immer klanglich, motivisch oder satztechnisch geschieht, es sollte Konsequenzen haben, d. h. nicht nur ein einziges Mal und isoliert vorkommen. Das über die additive Anlage der *Follia-Variationen* geworfene Netz von Bezügen trägt dem Rechnung, Nur an einer Stelle scheint es reißen zu wollen: Die von Salieri gestrichene Variation 21 bildet tatsächlich weniger überzeugende Korrespondenzen zu anderen Variationen aus.

Das ließe sich eventuell auch von der folgenden Variation sagen (Abb. 4), ihr 6/8-Takt wird aber später wieder aufgegriffen. Interessant ist hier jedoch einmal mehr das äußere Erscheinungsbild der Partitur: Bevor diese *Danse pastorale* – die einzige Variation mit einem charakterisierenden Titel – zur Variation 22 und später 21 wurde, muss sie ein Anfang gewesen sein. Darauf deuten nicht nur die gestrichenen Instrumentennamen am linken Rand des Blattes hin, sondern auch die ebenfalls durchgestrichene Überschrift, deren zweiter Teil sich noch als „Follia di [Spagna]" entziffern lässt. Handelt es sich um eine Vorstudie? Um einen abgebrochenen Versuch oder um ein aus einem anderen Zusammenhang stammendes Einzelblatt? Die Variation nimmt exakt beide Seiten des Blattes ein, der am Ende vorgesehene Schlussakkord wurde gestrichen, sodass sich dieses eine Mal ein direkter Anschluss an die folgende Variation ergibt. Diese steht wie das Thema im 3/4-Takt, ihr fehlt jedoch die nach dem vorangehenden 6/8-Takt von Variation 21 eigentlich notwendige Taktvorzeichnung. Damit bestätigt sich, dass das Blatt tatsächlich eingeschoben ist und die *Danse pastorale* erst zu einem Zeitpunkt Teil der Komposition wurde, als die nunmehrige Variation 22 schon notiert war und ihr eine Variation im 3/4-Takt vorausging.

Eine Musik in galantem Tonfall, auf der Grundlage der Folia und für ein großbesetztes Orchester, beginnend mit einem bukolischen Tanz – der wohl plausibelste Ort dafür ist um 1800 die Ballettmusik einer französischen Oper. Von Cherubinis *Les Abencérages* und ihrer Verwendung der Folia war zu Beginn bereits die Rede. Und auch wenn sich Salieris in die *Follia-Variationen* eingegliedertes Bruchstück nicht seinem primären Werkzusammenhang (falls es ihn überhaupt gibt) zuordnen lässt, bietet es doch eine Antwort auf die Frage nach dem Gattungshintergrund der Variationen: Ein üblicher Bestandteil der Ballettmusik einer französischen Oper ist die Chaconne, ein Tanz im 3/4-Takt, basierend auf einem wiederkehrenden Bassmodell. Als Instrumentalkomposition außerhalb von Oper und Ballett verselbstständigt sie sich früh und wird zur Grundlage ebenso kunstvoller wie spielfreudiger Kompositionen in kleiner oder solistischer Besetzung. In der französischen Oper hingegen bleibt sie in ihrem funktionalen Kontext lange erhalten: Christoph Willibald Glucks *Alceste* (Pariser Fassung 1776) schließt mit einer Chaconne, *Orphée et Euridice* (Pariser Fassung 1774), *Iphigénie en Aulide* (1774) und *Armide* (1777) weisen alle eine oder mehrere Chaconnes in ihrer Ballettmusik auf. Hier also, wo sich Oper, Tanz, orchestrale Mittel und eine auf einem Bassmodell beruhende Variationenfolge treffen, ist der Entstehungsimpuls für die *Follia-Variationen* zu vermuten. Für den Opernkomponisten Salieri, der in Paris glänzende Erfolge feierte, erscheint das mehr als naheliegend.

Patrick Boenke

Salieri als Kompositionslehrer

Untrennbar mit Salieris künstlerischer Laufbahn verbunden war ein unermüdliches Engagement als Lehrer und Förderer junger Talente, sowohl auf dem Feld der Komposition und Musiktheorie wie auch im Metier des Gesangs. Zusammengerechnet dürfte die Zahl der Schülerinnen und Schüler, die Salieri in gut einem halben Jahrhundert – von den 1770er-Jahren an bis kurz vor seinem Tod – unterrichtete, im deutlich dreistelligen Bereich liegen. Seinen Rat als Kompositions- und Theorielehrer suchten so begabte wie später auch nicht selten künstlerisch arrivierte Namen wie Marianne von Auenbrugger, Ludwig van Beethoven, Anselm Hüttenbrenner, Johann Nepomuk Hummel, Franz Liszt, Giacomo Meyerbeer, Ignaz Moscheles, Anton Reicha, Franz Schubert, Simon Sechter oder Franz Xaver Süßmayr.

Im Kreise seiner Schülerinnen und Schüler genoss Salieri höchstes Ansehen, wie auch ihm zugeeignete oder auf ihn Bezug nehmende Kompositionen zeigen. Beethoven etwa widmete ihm seine 1799 in Wien veröffentlichten drei *Violinsonaten* op. 12 und komponierte zur selben Zeit zehn *Klaviervariationen* (WoO 73) über das Duett „La stessa, la stessissima" aus Salieris Oper *Falstaff ossia Le tre burle*. Schubert ehrte seinen Lehrer 1816 mit einer dreisätzigen Festkantate *Beitrag zur fünfzigjährigen Jubelfeier des Herrn von Salieri* (D 407) und eignete ihm, der in Wien unbestrittenen Autorität auf dem Gebiete des Vokal- und Liedsatzes, seine 1815/16 entstandenen *Fünf Lieder* op. 5 über Texte von Johann Wolfgang von Goethe zu. Anselm Hüttenbrenners drittes *Requiem* in c-Moll, das anlässlich des Todes von Salieri 1825 zur Aufführung gelangte, wurde 1827 und 1828 auch als Requiem für Beethoven und Schubert gespielt und setzte damit rückblickend dem Wiener Schülerkreis um Salieri ein besonderes Denkmal.

Fand im Laufe des 19. Jahrhunderts die Kompositions- und Theorieausbildung ihren festen Ausübungsort an den vielen neu gegründeten Konservatorien und Musikakademien der europäischen Zentren, vollzog sich dagegen im 18. Jahrhundert die Ausbildung größtenteils noch in einer privat oder mittels Empfehlungsschreiben angebahnten Meister-Schüler:innen-Konstellation. In der Regel lag der Unterricht auch in den Händen verschiedener Autoritäten. Salieri hatte seine Ausbildung ebenfalls bei verschiedenen Lehrern durchlaufen. Anfangs unterrichtete ihn sein älterer Bruder Francesco, der Kompositions- und Theorieschüler des berühmten Giuseppe Tartini war. Orgelunterricht erhielt er von Giuseppe Simoni, einem Schüler des nicht minder bekannten Padre Giovanni Battista Martini. In Venedig setzte Salieri seine Kompositionsstudien beim Opernkomponisten Giovanni Battista Pescetti fort. Es folgte die letzte und für Salieri wohl prägendste Phase seines Kompositionsstudiums bei Florian Leopold Gassmann. Dieser war es auch, der Salieri schließlich animierte, Italien zu verlassen und ihm nach Wien zu folgen.

Salieris Lehrplan folgte keinem bestimmten Lehrwerk seiner Zeit (siehe dazu weiter unten eine Äußerung Anselm Hüttenbrenners). Allerdings dienten Salieri zwei wirkungsmächtige und weit über Wien hinaus rezipierte Schriften als theoretische Referenzwerke, zum einen der 1725 in Wien veröffentlichte *Gradus ad Parnassum* des Wiener Hofkomponisten und -kapellmeisters Johann Joseph Fux,[1] zum anderen die 1790 in Leipzig erschienene *Gründliche Anweisung zur Komposition* des Wiener Hoforganisten und späteren Domkapellmeisters an St. Stephan Johann Georg Albrechtsberger.[2] Letztgenannter wirkte zu Salieris Zeit ebenfalls als Kompositionslehrer in Wien und hatte sich einen exzellenten Ruf als Kapazität auf dem Gebiet des Kontrapunktes erworben. Bezeichnenderweise überschnitten sich Salieris und Albrechtsbergers Schülerkreise in so manchem Namen.

Vom *Gradus ad Parnassum* hatte Salieri bereits im Kompositionsunterricht bei Gassmann Kenntnis erlangt. Das auf Latein verfasste Buch entwickelt den Lehrstoff in der Art eines philosophischen Dialogs zwischen Aloysius, hinter dessen Maske sich der berühmte Renaissancekomponist Giovanni Pierluigi da Palestrina verbirgt, und Josephus, d. h. Fux selbst. Im Zuge des fiktiven Gesprächs entfaltet sich ein in „Exerzitien" und „Lektionen" gegliederter Lehrgang, der gemäß dem Titel der Schrift stufenweise das Regelhafte des kontrapunktischen Satzes vorführt. Einen wiederkehrenden Anknüpfungspunkt bilden dabei eine Auswahl vorformulierter modaler Melodien (Cantus firmi), die es durch Ergänzung weiterer Töne in passenden harmonischen Intervallverhältnissen zu zwei-, drei- und schließlich vierstimmigen Sätzen auszuarbeiten gilt. Methodisch lehnt sich Fux dabei an eine ältere italienische Lehrtradition von Kontrapunkt an, die den zwei- oder mehrstimmigen Satz (bei Fux) in fünf sogenannte „Spezies" oder Gattungen unterteilt, innerhalb derer das Kontrapunktieren eines vorgewählten Cantus firmus in festgelegten rhythmischen Konstellationen eingeübt wird.

Johann Georg Albrechtsbergers *Gründliche Anweisung zur Komposition* adaptiert den Fux'schen Ansatz mit Blick auf den Stand des Komponierens im ausgehenden 18. Jahrhundert. Das Curriculum der fünf Gattungen sowie die anschließende Einführung in Nachahmungstechniken und Fugenkomposition wird von Fux übernommen, allerdings die Lehre von vornherein im Kontext der modernen Dur- und Moll-Tonarten und auf dem Fundament des am Ende des 18. Jahrhunderts längst etablierten Generalbass-Denkens entwickelt. Besonders deutlich wird dies in den drei- und vierstimmigen Übungen, in denen Albrechtsberger regelmäßig der untersten Stimme zur Klärung der harmonischen Situation Generalbassziffern beifügt. Und auch die Rede von einer zuunterst liegenden „Grundstimme" und darüber erklingenden „Auffüllungsstimmen" offenbart im Unterschied zu Fux unverkennbar Züge eines akkordisch-harmonischen Denkens. Ebenso geht Albrechtsbergers Unterscheidung zwischen einem „strengen", regelhaften und einem „freien", vor allem hinsichtlich der Dissonanzbehandlung ‚lizenziösen' Satz über Fux hinaus. Bleibt ersterer weiterhin an die reine Vokalmusik gebunden, so bildet letzterer die Grundlage instrumentaler bzw. gemischt vokal/instrumentaler Komposition in den zeittypischen Gattungen der Musik des 18. Jahrhunderts.

Neben Kontrapunkt und Generalbass-Satzlehre spielte in Salieris Unterricht ein drittes, eng mit der italienischen Lehrtradition von Komposition verbundenes Gebiet eine wichtige Rolle: das Partimento-Spiel.³ Salieri selbst hatte für Unterrichtszwecke ein Lehrwerk zusammengestellt *(Libro di partimenti di varia specie per profitto della gioventù)*, das heute allerdings als verschollen gilt. Partimento bildete in Italien, insbesondere in den schon im 18. Jahrhundert existenten Konservatorien Neapels, eine eigenständige und – im Unterschied zur vielerorts in ausführlichen Traktaten niedergelegten Kontrapunktlehre – primär oral vermittelte Unterrichtstradition von Komposition. Unterschiedliches Notenmaterial – Bassformeln und Sequenzmodelle, praktische Handreichungen zur Ausführung unbezifferter Generalbässe bis hin zu skizzenhaft notierten Verläufen ganzer Stücke in Form bezifferter Generalbässe und Stimmenexzerpte – wurde zu Übungszwecken in Sammlungen gebündelt und als Grundlage einer teils eingeübten, teils improvisierten Realisation von Musikstücken genommen.⁴ Eng verbunden mit dieser Praxis war ein methodisches Vorgehen, gewähltes Material mehrfach und unter Auslotung verschiedenster Varianten auszuarbeiten.

Nähere Einblicke in Salieris Unterricht gewähren eine ganze Reihe anekdotischer Berichte, Erinnerungen und Würdigungen aus der Feder seiner Schülerinnen und Schüler, wie etwa auch ein biographischer Beitrag Anselm Hüttenbrenners, der gut ein halbes Jahr nach Salieris Tod in der *Allgemeinen musikalischen Zeitung* erschien. Hüttenbrenners ausführliche wie glaubwürdige Schilderung sei aufgrund ihrer vielen Details als längeres Zitat wiedergegeben:

> Salieri hielt sich beym Unterricht in der Tonsetzkunst an kein Lehrbuch. Er schrieb seinen Zöglingen nicht vor, was sie componiren sollten; jeder hatte nach seiner Anlage freie Wahl. Was ihm zur Correctur vorgelegt wurde, ging er mit Strenge durch. Auf Quinten und Octaven wies er gelassen warnend hin; aber eine aufsteigende kleine Septima war ihm ein Dorn im Auge;

eben so alle von Sängern schwer zu treffenden Fortschreitungen und die sogenannten Querstände [...], deren üble Wirkung er durch tüchtigen Anschlag am Clavier uns sehr fühlbar machte. Am strengsten war er hinsichtlich der Modulation; er eiferte gewaltig gegen den in neuerer Zeit so üblich gewordenen grellen Wechsel der Tonarten, und verglich einige moderne Tonsetzer mit Leuten, die zum Fenster hinaus springen, um auf die Strasse zu kommen. Bey Singstücken, die ihm gebracht wurden, überlas er zuerst die Worte mit vieler Aufmerksamkeit; dann prüfte er die Musik, ob sie dem Charakter des Gedichtes getreu verfasst sey; war diess nicht der Fall, so hatte das Werk, wenn es auch noch so gute und originelle Stellen enthielt, gar keinen Werth in seinen Augen. [...] In Kirchencompositionen wollte er durchgehends den Geist der Andacht und der Demuth vorherrschend haben; ein pompöses Kyrie, ein lustiges Dona nobis waren ihm verhasst. Bey Opern [...] sah er vorzüglich darauf, welche Person in dieser oder jener Nummer zu singen hatte. Er beklagte sich über jene Componisten, die den Schildknappen in eben dem erhabenen Style singen lassen, wie den Helden, und bey denen der Mentor eben so trillert, wie der Lehrling. Auch fand er es widersinnig, in minder leidenschaftlichen Scenen viele Instrumentirung anzubringen und das Ohr ohne Ursache mit grausamen Accorden (so nannte er sie) zu quälen, die höchstens für einen Chor von Höllengeistern passen möchten. Der Operncomponist sollte nach seiner Ansicht kein Miniatur-Maler seyn, und sich nicht mit ängstlicher Ausführung gewisser Figuren und anderen contrapunktistischen Künsteleyen befassen. Er forderte des Effectes halber grosse, kühne Züge, wie diess bey der Kulissen-Malerey der Fall ist.[5]

Gezeichnet wird das Bild eines konservativen, jedoch undogmatischen Lehrers, der den verschiedenen Interessen und Neigungen seiner Schülerinnen und Schüler offen begegnen konnte. Neuerungen, etwa im Harmonischen, verteufelte Salieri nicht grundsätzlich, wie er umgekehrt auch nicht auf einer allzu starren Befolgung tradierter Satzregeln beharrte. Die Arbeit an vokalen Sätzen stand im Zentrum der kompositorischen Übungen. Sie hatte am zu vertonenden Text anzusetzen (wobei Salieri in aller Regel italienische Texte vorgab), an einer genauen Analyse des Wortsinns, der Deklamation sowie des musikalisch zu transportierenden Affektes. Generell achtete Salieri sehr auf sangliche Linienführung, welche bereits einen leitenden Aspekt im Fux'schen Kontrapunkt mit seiner Orientierung an der älteren Vokalmusik darstellte. Einen wichtigen Bestandteil des Unterrichts bildete auch das Kennenlernen und Studieren unterschiedlichster Werke im Partiturspiel am Klavier, darunter auch Vokalmusik der Renaissance. Hinsichtlich der Komposition geistlicher Musik vertrat Salieri im Unterricht, nicht anders als in seinen eigenen geistlichen Kompositionen, eine ästhetische Vorstellung von einer zurückhaltenden, hauptsächlich ihrer liturgischen Funktion zweckdienlichen Kirchenmusik. Im Metier der Oper dagegen, wie Hüttenbrenner lebhaft schildert, ermutigte Salieri seinen Schülerkreis durchaus zu effektvollem Komponieren in kräftigen ‚Pinselstrichen'.

Genaueres zu den Unterrichtsinhalten lässt sich aus überliefertem Übungsmaterial und Kompositionsentwürfen erschließen. In Franz Schuberts mehr als vierjähriger Unterrichtszeit bei Salieri (von Juni 1812 bis Dezember 1816) dürften unter der Aufsicht des Lehrers zahlreiche Übungssätze entstanden sein. Erhalten geblieben ist davon immerhin ein kleiner Teil, der Kontrapunktaufgaben, Übungen zu Imitationstechniken, Aussetzungen bezifferter Generalbässe, Fugenentwürfe, Kanons und verschiedene Vokalsätze umfasst. Daneben begutachtete Salieri auch eigene Kompositionen von Schubert. Der Umfang der Korrekturen in den Manuskripten schwankt, nicht immer kann Salieri als ihr Urheber mit aller Sicherheit ausgemacht werden. Alfred Mann hat die Unterrichtsübungen zusammen mit Kompositionsstudien aus späterer Zeit ediert und im Rahmen eines Supplementbandes zur Neuausgabe sämtlicher Werke Schuberts ausführlich kommentiert.[6]

Die den Anfang bildenden Kontrapunktübungen folgen der Systematik der Fux'schen Gattungen und der Idee der sukzessiven Ausweitung der Stimmenzahl, wobei Salieri wahrscheinlich Cantus firmi aus eigener Hand vorgab. Das folgende Beispiel (Abb. 1) gehört zu einer Gruppe von drei Übungen (überliefert im Konvolut D 25 B), in welcher der Cantus als Unter-, Mittel- und schließlich – wie gezeigt – als Oberstimme eines dreistimmigen Satzes fungiert.[7] Die konsequente

Synkopierung der mittleren Stimme, bezeichnet mit „Cp." für „Contrapunct", entspricht der rhythmischen Konstellation, die nach Fux in der vierten Gattung geübt werden soll. Der zugrunde liegende Cantus firmus (abgekürzt „C. f.") besteht in einer Umspielung des G-Dur-Dreiklangs, zunächst aufsteigend mit frei angesprungenen Nebennoten c^2 und e^2 zur Dreiklangsterz h^1 bzw. -quinte d^2, schließlich absteigend durch einfache melodische Auffüllung des Quintrahmens mit Sekundschritten. Die (Albrechtsberger folgend) als „Grundstimme" (abgekürzt „Gst.") bezeichnete Unterstimme festigt zu Beginn den harmonischen Grundton g durch melodische Umspielung mit seiner oberen Wechselnote a. Die Tonfolge g-c^1-h (T. 3–5) greift den Anfang des Cantus firmus, gewissermaßen sein Kopfmotiv, imitatorisch auf. Überwiegend folgt die Unterstimme dem Cantus in parallel geführten Dezimen, was Salieri unbeanstandet lässt. In die melodische Führung der rhythmisch versetzten Mittelstimme dagegen greift der Lehrer korrigierend ein.

Abb. 1: Dreistimmige Kontrapunktübung in der vierten Gattung

Hinter Schuberts Lösung der Aufgabe mag die Idee gestanden haben, die in der vierten Gattung geforderte rhythmische Verschiebung in den Takten 1 bis 3 für eine synkopierte Sopranklausel zur Festigung der Tonart G-Dur zu nutzen. Der harmonisch zwar korrekt aufwärtsstrebende Leitton fis^1 führt kontrapunktisch jedoch in Takt 3 zu einer irregulär nach oben sich auflösenden Septime. Salieris Korrektur besteht zum einen in der Rücknahme des Leittons fis^1 zu f^1 und zum anderen in der kontrapunktisch korrekten Auflösung der kleinen Septim f^1 abwärts in den zum Basston g konsonierenden Mittelstimmenton e^1.

Im Zentrum von Salieris Kompositionsunterricht stand die Arbeit an Vokalsätzen, deren Bandbreite von ariosen Sologesängen bis hin zu vierstimmigen Chorsätzen reicht. Als Grundlage gab Salieri regelmäßig italienische Texte des hoch gerühmten und mit ihm befreundeten Dichters und Librettisten Pietro Metastasio vor. Bezeichnend ist, dass Schubert einzelne Texte mehrfach in Varianten und für unterschiedliche Stimmbesetzungen ausarbeitete: eine Praxis, die – wie schon erwähnt – in der Partimento-Tradition sehr üblich war. Einen Auszug aus der Partie des Engels aus Metastasios Libretto *Isacco figura del redentore* vertonte Schubert in nicht weniger als neun Varianten (D 17): einmal für Solostimme und einmal als Duett sowie drei- bzw. viermal als Terzett bzw. Quartett. Abbildung 2 zeigt den Beginn von Schuberts erster Fassung für Sopranstimme solo.[8] Nur der Gesangspart ist notiert, eine schlichte, möglicherweise auch extemporierte Klavierbegleitung wäre noch hinzuzudenken.

Salieris Korrekturen bereinigen vor allem Fehler bzw. Ungeschicklichkeiten in der Textdeklamation. Schuberts akribische Artikulation des Wortes „figlio" in Takt 2 – und wiederholt in Takt 5 – glättet Salieri durch das Zusammenziehen von Silben. Die etwas ungelenke Wiederholung allein des Wortes „dio" in Takt 8 bricht Salieri geschickt auf, indem er den Ton c^2 bereits in Takt 7 eintreten lässt, dadurch einen engeren melodischen Anschluss schafft und gleichzeitig durch Überbindung ebendieses Tons in Takt 8 eine Stauung generiert, deren Spannung sich schließlich sinnfällig in der agileren Melodik zum Vortrag des gesamten vierten Verses entladen kann.

Abb. 2: Einstimmige Vokalübung auf einen Text von Metastasio

Schuberts Vertonung derselben Worte als Duett (Abb. 3) gewinnt dem Text einen anderen musikalischen Ausdruck ab:[9] Beide Sopranstimmen werden streckenweise in imperfekten Konsonanzen (Terzen oder Sexten) parallel geführt und wecken damit Assoziationen an einen volkstümlichen Zwiegesang. Salieris Korrekturen zielen auf unterschiedliche Aspekte ab: Abermals bemängelt er Schuberts Deklamation des Wortes „figlio" und schlägt für Takt 2 zudem noch eine Änderung der Harmonik vor. Anstelle des Tons g^2 soll die obere Stimme den Ton e^2 wiederholen, womit sich im Zusammenklang anstelle einer Sexte der Tritonus b^1/e^2 als ausdrucksvolle Vorhaltsdissonanz ergibt, die für einen Moment die Parallelführung der Stimmen durchbricht. Der Änderungsvorschlag für Takt 3 beseitigt den unsanglichen fallenden Sextsprung von c^2 nach e^1 und führt für einen deutlicher markierten Zeilenschluss in Takt 4 beide Stimmen im Unisono zusammen. Die Kreuzmarkierung in Takt 4 könnte sich zum einen auf die melodisch ungeschickte Deklamation in der Unterstimme beziehen, zum anderen aber auch ein warnender Hinweis auf die frei eintretende und besonders nach einem Unisono scharf hervorstechende Dissonanz der verminderten Quinte h^1/f^2 sein. Die konkrete Verbesserung der Stelle überließ Salieri seinem Schüler.

Abb. 3: Zweistimmige Vokalübung auf einen Text von Metastasio

Bezeichnenderweise enthält Schuberts bereits erwähnte Festkantate zum 50-jährigen Jubiläum von Salieris Tätigkeit in Wien drei vokale Satztypen, die Salieri im Unterricht immer wieder üben ließ: Eröffnet wird das Werk mit einem vierstimmigen (Männer-)Chorgesang, als mittlerer Satz folgt ein Andantino für Singstimme und Klavier. Den

Schluss bildet ein Kanon zu drei Stimmen auf die Worte „Unser aller Großpapa, bleibe noch recht lange da", der Salieri besonderes Vergnügen bereitet haben dürfte, hatte er doch reges Interesse an der Kanonkomposition gefunden und diese gleichermaßen gesellige wie demokratische Form des gemeinsamen Singens intensiv in seinem Bekanntenkreis gepflegt.

In welcher Zeitspanne Ludwig van Beethoven Unterrichtsstunden bei Salieri nahm, lässt sich nicht mit Sicherheit sagen. Wahrscheinlich aber begann der Unterricht um 1800 und damit zu einer Zeit, als sich Beethoven längst schon als erfolgreicher Komponist behauptet hatte. Vor dem Austausch mit Salieri hatte Beethoven bereits kompositorische Grundlagen bei Joseph Haydn sowie Kontrapunkt und Fugenkomposition bei Albrechtsberger studiert. Das überlieferte Unterrichtsmaterial aus allen drei Ausbildungsphasen hat Julia Ronge ediert[10] und ausführlich kommentiert.[11]

Weshalb sich Beethoven nach abgeschlossenen Kompositionsstudien ein weiteres Mal in die Obhut eines Lehrers begab und ob er möglicherweise den Rat des erfahrenen Opernkomponisten aufgrund eigener Pläne in diesem Metier suchte, muss offenbleiben. Mit Sicherheit aber wollte er zum Abschluss seiner Ausbildung seine vokale Schreibart verfeinern und sich insbesondere in italienischer Textdeklamation unter Berücksichtigung metrischer, prosodischer, melodischer und affektiver Aspekte der Textvertonung schulen. Mit Blick auf Beethoven beschreibt Ronge den Unterricht wie folgt:

> Ein Text wurde zunächst auf Metrik, Syntax und Inhalt hin untersucht und entsprechend einstimmig gesetzt. Sobald die spezifischen sprachlichen Anforderungen des Textes vertraut waren, konnte die musikalische Umsetzung um jeweils eine Stimme erweitert werden. Steigende Stimmenzahl führt zu immer neuen Herausforderungen bei der Textvertonung, weil bestimmte Aussagen neu oder differenzierter hervorgehoben werden können.[12]

Kaum überraschend verfuhr Salieri methodisch nicht anders als in seinem Unterricht für Schubert. Dessen Vertonung der ‚Engelspartie' begann ebenfalls mit einer einstimmigen Übung, bevor Schubert für alternative Versuche die Stimmenzahl erhöhte. Und auch Beethoven wurden von Salieri italienische Texte von Metastasio vorgelegt. Anders aber als bei Schubert – und möglicherweise aus Respekt vor seinem längst arrivierten jüngeren Komponistenkollegen –, beschränkte sich Salieri bei Beethoven auf Verbesserungsvorschläge hinsichtlich der Textdeklamation und unterließ insbesondere Eingriffe in dessen melodische Einfälle.

Der letzte dokumentierte Kompositionsschüler Salieris war der gerade einmal elfjährige Franz Liszt. Die Suche nach geeigneten Lehrern führte den Jungen in Begleitung seines Vaters Adam 1822/23 nach Wien. Für die Klavierausbildung konnten sie Carl Czerny, für den Theorie- und Kompositionsunterricht Salieri gewinnen. Die Intensität des Unterrichts lässt sich aus einem Brief erschließen, den Salieri am 25. August 1822 an Fürst Nikolaus II. Esterházy, den Dienstherrn von Vater Adam, richtete, um einen Umzug der Familie in die innere Stadt zu ermöglichen, sodass der kränkliche junge Liszt ohne Reisestrapazen seinen Unterricht wahrnehmen konnte:

> Von der Mitte des vergangenen Monats an führte daher der Vater dreimal die Woche den Sohn zu mir, und der Jüngling macht erstaunliche Fortschritte, sowohl im Gesang als im Generalbass und auch im Dechiffrieren von Partituren der verschiedensten Art, also in drei Dingen, in denen ich ihn jeder Stunde übe, um ihn so nach und nach zur Komposition zu führen und ihn so stets im guten Geschmack zu halten.[13]

Übungen aus dem Unterricht haben sich nicht erhalten. Unklar ist auch, ob und welche Kompositionsversuche des jungen Liszt Salieri begutachtete. Als Jugendwerke aus dieser Zeit sind überhaupt nur eine Variation über einen Walzer von Anton Diabelli (S 147), den Liszt zu einer unter dem Titel „Vaterländischer Künstlerverein" erschienenen Sammlung von 50 Variationen beitrug,[14] sowie ein verschollenes *Tantum ergo* (S 702) für unbegleiteten Chor dokumentiert.

In der Begegnung von Salieri und Liszt prallten gewissermaßen die Welten des 18. und 19. Jahrhunderts aufeinander: hier der traditionsverbundene Hofkapellmeister und hohe Repräsentant des Musiklebens der Habsburgermonarchie mit ihrem kulturellen Zentrum Wien, dort der schwärmerische und von romantischer Literatur tief beeindruckte junge Liszt, den es bald schon – auch zu kurzer Fortsetzung seiner Kompositionsstudien bei Ferdinando Paër und Anton Reicha – nach Paris, in das neue bürgerliche Zentrum ziehen sollte. In einiger Hinsicht aber dürfte Salieri prägenden Einfluss auf seinen jungen Schüler ausgeübt haben. Jahrzehnte später, in einem Brief aus dem Jahr 1882, dachte Liszt mit großer Dankbarkeit an seine Zeit bei Salieri zurück und hob dabei besonders die intensiven Werkstudien hervor.[15] Salieri dürfte eine wichtige Rolle dabei gespielt haben, den jungen Liszt insbesondere auch für die geistliche Musik einschließlich der älteren Vokalwerke der Renaissance zu begeistern – ein kompositorisches Feld, das in Liszts späterer künstlerischer Entwicklung herausragende Bedeutung gewinnen sollte. Viel prägender aber war es vielleicht noch für Liszt, dass er in Salieri ein Vorbild fand, wie künstlerische Arbeit und pädagogisches Engagement mit sozialen Werten und Vorstellungen zu verbinden sei. Salieri engagierte sich in der Wiener Tonkünstler-Societät, einer Standesvertretung, die wichtige soziale Aufgaben, insbesondere in der Versorgung von Musikerwitwen und -waisen, wahrnahm. Er war Mitinitiator des Konservatoriums der Gesellschaft der Musikfreunde in Wien, dessen anfängliche „Singschule" er vorstand, und leistete damit Pionierarbeit für die Akademisierung der Musikausbildung im 19. Jahrhundert. Und schließlich unterrichtete er zeitlebens, aus Dankbarkeit seinem Lehrer und Förderer Gassmann gegenüber, viele seiner Schülerinnen und Schüler unentgeltlich – genau so, wie es später auch Liszt in seinem Schülerkreis halten sollte.

Scott L. Edwards

Salieri als Migrant

Wie mag es für den 15-jährigen Antonio Salieri gewesen sein, nach seiner langen Reise von Venedig am 15. Juni 1766 in Wien anzukommen? Vermutlich war er von den breiten Straßen, den offenen Plätzen und der imposanten Architektur Wiens unmittelbar beeindruckt, denn sie bildeten einen starken Kontrast zu den engen Gassen voll lebhaften Treibens in der Hafen- und Handelsstadt Venedig. Die Wohnung seines Mentors, des Hofkapellmeisters Florian Leopold Gassmann, der ihn zunächst bei sich aufnahm, lag nicht weit vom Kärntnertortheater entfernt, das durch den kurz zuvor erfolgten Ausbau zu einer der fortschrittlichsten Bühnen der Zeit geworden war. Salieri hatte wenig Gelegenheit sich einzugewöhnen, denn bereits am Tag nach seiner Ankunft brachte ihn Gassmann in die „italienische Kirche" und organisierte innerhalb der ersten Woche Besuche von Lehrern für Musik sowie für Deutsch, Französisch, Latein und italienische Dichtung. In dieser ersten Woche in Wien führte Gassmann ihn nicht nur im Hause Pietro Metastasios ein, sondern nahm ihn auch mit zu den Kammerkonzerten, die am Hof für Kaiser Joseph II. veranstaltet wurden.[1]

Wien war eine Stadt, die Macht und Ordnung ausstrahlte, und Gassmann war bewusst, dass Salieri einer schnellen Einführung in die Förmlichkeiten und die strenge soziale Hierarchie seiner neuen Heimat bedurfte. Die rasche Anpassung, die von Salieri erwartet wurde, und die Menge an Informationen, deren Aufnahme innerhalb kürzester Zeit ihm nicht leicht fiel, werden in einer Geschichte deutlich, die Ignaz von Mosel über Salieris erste Begegnung mit Joseph II. erzählt, bei welcher der Kaiser Salieri fragte, wie ihm Wien gefalle:

> Salieri, furchtsam, verlegen, und von seinem Aufenthalt zu Venedig gewohnt, Männer von Rang „Excellenz" zu tituliren, antwortete: „Gut, Euer Excellenz!" setzte aber, schnell sich verbessernd, hinzu: „Außerordentlich gut, Euer Majestät!" – Einige Tonkünstler der Hofkapelle, die eben gegenwärtig waren, lachten über des Jünglings Verlegenheit und Einfalt [...].[2]

Im Folgenden soll untersucht werden, wie Salieris Status als Migrant sein Leben und sein musikalisches Schaffen geprägt hat und inwieweit seine Situation diejenige anderer italienischsprachiger Migrant:innen in Wien widerspiegeln könnte. Im 18. Jahrhundert, einer Zeit vergleichsweise großer politischer Stabilität im Habsburgerreich, erlebte die Stadt ein außergewöhnlich hohes Bevölkerungswachstum: Von etwa 123.500 Einwohner:innen im Jahr 1700 stieg deren Zahl durch mehrere Migrationswellen auf fast 300.000 im Jahr 1800 an.[3] Die Musikgeschichtsschreibung beschäftigt sich schon seit langem mit den in Italien geborenen Musiker:innen, die in Wiener Theatern sangen oder in der Hofkapelle spielten. Diese Musiker:innen bildeten jedoch nur eine von mehreren Berufsgruppen in Wien, in denen italienischsprachige Migrant:innen eine wichtige Rolle spielten. Zu Beginn des 18. Jahrhunderts waren die meisten der italienischsprachigen Eingewanderten am Hof beschäftigt, während später vor allem italienische Handwerker nach Wien migrierten. Umfasste die italienischsprachige Gemeinschaft um 1700 schätzungsweise 2000 Personen, so hatte sich diese Zahl bis 1783 auf etwa 7000 mehr als verdreifacht.[4]

Salieris Ankunft war somit Teil eines größeren Zuzugs von italienischsprachigen Migrant:innen, die eine Vielzahl von Kenntnissen und Erfahrungen mitbrachten. Ihre verschiedenen Hintergründe und Fähigkeiten waren entscheidend für ihre Integration und erforderten gleichzeitig unterschiedliche Integrationsstrategien. Inwieweit war Salieri in eine größere Gemeinschaft von italienischsprachigen Migrant:innen eingebettet? Welche institutionelle Unterstützung suchte er? Wie war das Verhältnis zu seiner Heimat? Mit welchen Einschränkungen sah er sich konfrontiert und wie fand er sich in der sprachlichen Landschaft Wiens zurecht? Inwieweit verstand er sich selbst als Immigrant oder als jemand mit einer ‚multilokalen Identität'? Kurz gesagt: Wie nah können wir einem Verständnis davon kommen, was es für Salieri wirklich bedeutet hat, als Immigrant in Wien zu leben?

Die Antworten auf diese Fragen fallen für zugewanderte Personen individuell sehr unterschiedlich aus, und das Beispiel Antonio Salieri ist in vielerlei Hinsicht einzigartig genug, um ihn von seinen Zeitgenossen abzuheben. Sein 1764 verstorbener Vater war in Legnago in der Provinz Verona ein wohlhabender Kaufmann gewesen, und es war ein Freund des Vaters, der venezianische Adlige Giovanni Mocenigo, der es dem Waisenkind Antonio ermöglichte, seine musikalischen Studien nach dem Tod der Eltern fortzusetzen. Dank dieser Unterstützung kam er in Venedig mit Gassmann in Kontakt, und nach der gemeinsamen Ankunft in Wien sorgte Gassmann dafür, dass Salieri jegliche Förderung erhielt, die er für eine erfolgreiche musikalische Karriere benötigte. Der Unterricht in Deutsch, Französisch und Latein half ihm, sich in aristokratischen und höfischen Kreisen angemessen zu bewegen. Indem Gassmann Salieri wöchentlich in das Haus brachte, das von den Familien der Komponistin Marianna Martines und des Hofdichters Metastasio gemeinsam bewohnt wurde, sorgte er gleichzeitig dafür, dass der junge Komponist Zugang zu gebildeten italienischen Kreisen erhielt und sein Gespür für italienische Dichtung verfeinern konnte.

Integration

Dank der Förderung durch Gassmann war Salieri zunächst weniger als andere Migrant:innen auf städtische Institutionen und Netzwerke angewiesen. Gleich zu Beginn jedoch kam er in Kontakt mit einem städtischen Netzwerk, das sein Leben lang einen prägenden Einfluss auf ihn ausüben sollte: das der „italienischen Kirche". Wie Mosel berichtet, brachte Gassmann Salieri am Tag nach seiner Ankunft zu dieser Institution, „um dort der Andacht zu pflegen."[5] Salieri erzählt von diesem Ereignis nicht nur, um die Stärke seines Glaubens zu bekräftigen oder Gassmanns Großzügigkeit als Vormund hervorzuheben, sondern auch, um zu betonen, welche Bedeutung diese Kirche während seines gesamten Lebens in Wien hatte.

Es ist unklar, welche Institution Salieri mit „italienische Kirche" meint, da es in den ersten zwei Jahrzehnten nach seinem Umzug nach Wien dort mehr als ein Gotteshaus für die italienischsprachige Gemeinde gab. Möglicherweise bezieht er sich auf die Kapelle, die einst am Ballhausplatz neben der Minoritenkirche stand; diese war bekannt als Katharinenkapelle, wurde aber umgangssprachlich auch als „italienische Kirche" bezeichnet, da sie ursprünglich der Bruderschaft des Heiligen Franz von Assisi als Gebetsstätte diente.[6] Ebenso könnte Salieri in ein Oratorium im Professhaus der Jesuiten an der Ecke Bognergasse/Seitzergasse gebracht worden sein, das von den Wienern oft als „Welsche Kapelle" bezeichnet wurde. Bis zum Jahr 1773 zelebrierte dort die Congregazione Italiana, eine Bruderschaft italienischsprachiger Bewohner der Stadt, ihre Messen auf Italienisch.[7] Nachdem diese Kapelle 1773 auf Betreiben des Kaiserhofs requiriert worden war, fand die Kongregation ein neues Zuhause in der erwähnten Katharinenkapelle und begann umgehend mit deren Restaurierung. Nach Abschluss der Arbeiten erfolgte am 1. Februar 1775 die feierliche Einweihung unter dem Namen „Madonna della Neve" mit einer Festmesse, die von Salieri geleitet wurde.

Im Jahr 1781 schloss sich der Congregazione Italiana eine weitere Institution an, die Confraternità del Sovvegno. Diese war 1690 von italienischsprachigen Seidenweber:innen gegründet worden und diente der Unterstützung armer und kranker Mitglieder.[8] Somit vereinten die beiden Institutionen ein breites soziales Spektrum der italienischsprachigen Bevölkerung: Die Bruderschaft, die größtenteils aus Handwerker:innen bestand, verband sich mit dem Adel und dem wohlhabenden Bürgertum, die mehrheitlich die Kongregation ausmachten. In Anbetracht der stark gewachsenen Mitgliederzahl übergab Joseph II. der erweiterten Congregazione Italiana die Minoritenkirche mit dem Auftrag, die Kirche für die kollektiven Bedürfnisse der damals etwa

Abb. 1: Josef Daniel Huber, *Plan von Wien* (um 1770), Detailansicht mit der Minoritenkirche und links davon der Katharinenkapelle

7000 in Wien lebenden italienischsprachigen Bewohner:innen zu restaurieren.

Salieri blieb sein Leben lang intensiv in die Aktivitäten der Kongregation eingebunden, sei es musikalisch, sozial oder spirituell. Er trat dort häufig als Dirigent auf, wurde in ihre Verwaltungsorgane berufen und pflegte dauerhaft gesellschaftliche Verbindungen zur italienischen Oberschicht, da die Kirche auch Sitz des örtlichen Nuntius war. Am 16. Juni 1816 feierte er in der Kirche den 50. Jahrestag seiner Ankunft in Wien mit Dank für sein glückliches Leben, und im selben Jahr verfasste er sein Testament, in dem er die Abhaltung von 24 Messen in der italienischen Kirche sowie seine Beisetzung ohne Pomp und größere Zeremonien verfügte. Ungeachtet dieses Wunsches wurde nach seinem Tod am 7. Mai 1825 sein eigenes Requiem am 22. Juni 1825 in einem feierlichen Seelenamt zu seinen Ehren in der italienischen Kirche aufgeführt.

Die Wahrnehmung von Salieri weniger als Immigrant denn als vollständig integrierter Bürger in Wien wurde durch seine Beteiligung an einer Reihe weiterer Institutionen (darunter die Tonkünstler-Societät zugunsten der Witwen und Waisen von Musikern), seine Position als Oberleiter der Wiener Singschule und seine aktive Mitwirkung bei der Gründung des Konservatoriums der Gesellschaft der Musikfreunde befördert. Mit seinem Engagement in diesen Institutionen konnte er der Stadt, der er seinen Erfolg verdankte, etwas zurückgeben, während er gleichzeitig den Grundstein für wohltätige Arbeit und musikalische Ausbildungsmöglichkeiten legte. Des Weiteren dirigierte Salieri zahlreiche Wohltätigkeitskonzerte zugunsten der Tonkünstler-Societät im Burgtheater sowie Konzerte in der Augustinerkirche, im Universitätssaal, in der Kirche des Invalidenhauses und im Stephansdom, wo er an Sonntagnachmittagen, „so oft ich konnte", Gottesdienste besuchte; auf diese Weise kamen auch Stadtbewohner:innen außerhalb des Hofes mit seiner Musik in Berührung.[9]

Ein wichtiger Schritt auf dem Weg zur Integration waren sowohl die Einbürgerung als auch der Eintrag in die lokalen Heiratsregister, ein Schritt, den Salieri dank seiner Tätigkeit als Musiklehrer im Nonnenkloster St. Laurenz zügig bewältigte.[10] Seine Ernennung zum Kammerkomponisten am Hof im Jahr 1774 ermöglichte ihm eine Heirat, und bereits am ersten Tag seines Unterrichts in St. Laurenz im Jahr 1775 traf er auf Theresia Helferstorfer, seine zukünftige Frau, die er nach einem der Sonntagsgottesdienste im Stephansdom zunächst auf Französisch ansprach. Der Ehevertrag wurde am 10. Oktober 1775 geschlossen.[11] Die scheinbare Leichtigkeit, mit der Salieri diese Ziele erreichte, stand in starkem Gegensatz zur Situation vieler anderer Migrant:innen, deren Weg zur Einbürgerung nicht immer reibungslos verlief. Frühneuzeitliche Städte betrachteten die Vergabe des Bürgerrechts als das wichtigste Instrument ihrer Einwanderungspolitik, wobei ‚wünschenswerte' Ausländer:innen integriert und solche, die als „schädlich" angesehen wurden, ausgeschlossen werden sollten.[12] Salieris katholische Frömmigkeit, seine Stellung am Hof und seine Einbindung in lokale Institutionen sorgten dafür, dass ihm kaum Hindernisse im Weg standen.

Die Unterstützung durch familiäre Netzwerke stellt für Migrant:innen eine wesentliche Quelle wirtschaftlicher wie auch emotionaler Stabilität dar. Wenngleich Salieri als Waise nach Wien kam, pflegte er weiterhin Kontakt zu den noch lebenden Familienmitgliedern in seiner Heimat. Die Intensität dieser Verbindung lässt sich aufgrund des Fehlens privater Briefe schwer beurteilen, aber die Geldbeträge, die Salieri der Familie seines Bruders Francesco Antonio, Organist an der Kirche San Martino in Legnago, sowie zwei seiner Neffen, die beide als Musiker tätig waren, vermachte, deuten darauf hin, dass diese Beziehungen für den Komponisten weiterhin von Bedeutung waren. Darüber hinaus ist dokumentiert, dass Salieris Bruder Pietro, Mitglied des Minoritenklosters in Padua, 1777 und 1781 Predigten in der Katharinenkapelle hielt und wohl als Bindeglied zur Heimat fungierte.[13]

Die meisten italienischsprachigen Einwohner:innen Wiens lebten innerhalb der Stadtmauern in unmittelbarer Nachbarschaft zueinander und bewahrten dadurch ein starkes Gemeinschaftsgefühl. Viele hatten ihre Wohnstätten rund um das Widmerviertel und die großen Marktplätze, wo zahlreiche italienischsprachige Händler:innen und Kaufleute ansässig waren.[14] Solange er in Gassmanns Haushalt lebte, zog Salieri mehrmals um, ließ sich aber 1772 ebenfalls im Widmerviertel nieder. In diesem Viertel verbrachte er sein ganzes weiteres Leben. Bei seinen täglichen Spaziergängen entlang der Stadtmauer muss er die beruhigenden Routinen seiner privaten und beruflichen Existenz verspürt und sich in seiner Welt, die von der Pracht der Stadt und des Hofes geprägt war, wohlgefühlt haben.

Sprache

Das umgehende Engagement von Lehrern für Französisch, Latein, Deutsch und italienische Dichtung hatte nicht nur zum Ziel, Salieri mit den sprachlichen Fähigkeiten auszustatten, die er am Hof benötigte, oder ihm die Sprachen zu vermitteln, die für das Komponieren erforderlich waren. Der Sprachunterricht war auch wesentlich für seine Integration und Einbürgerung. Die genannten Sprachen eröffneten ihm den Zugang zur Welt der Diplomatie, des Adels, der Kirche und der Bildung, während sie ihm gleichzeitig eine Reihe sprachlicher Strategien an die Hand gaben, die ihm halfen, sich in der vielsprachigen Stadt Wien zurechtzufinden. Im Laufe der Jahre entwickelte Salieri eine Technik des sprachlichen Code-Switchings, wobei er sich im Interesse eines zweckmäßigen Ausdrucks frei einer beliebigen Sprache bediente, zuweilen in mehr als einem Register.

Salieris Sprechweise lässt sich aus Anekdoten derjenigen erahnen, die ihm begegnet sind. Mosel schreibt, dass Salieri die Angewohnheit hatte, in ein und demselben Gespräch Französisch, Deutsch und Italienisch zu mischen, eine Sprachmixtur, die von manchen als verwirrend empfunden wurde. Als der schwäbische Theologe Siegfried Wiser Salieri 1783 begegnete, schrieb er: „Aber wie kan ich sein deütsch=französisch=italiänisch Stammeln – seiner ersten Freüde – et de sa gratitude – et dal suo trasporto beschreiben?"[15] Hier deutet Wiser an, wie Salieris Deutsch in höflichen Ausdrücken dem Französischen wich, er aber, wenn er von Emotionen überwältigt wurde, auf seine Muttersprache Italienisch zurückgriff. Diese sprachliche Strategie setzte sich bis in seine letzten Lebensjahre fort. Auch Friedrich Rochlitz war während einer Begegnung im Frühjahr 1822 von Salieris unkonventioneller Sprechweise überrascht: „Dazu nun diese Sprache! Wenn ihm, im Feuer der Rede das Deutsch ausging, kam Italienisch, mitunter auch Französisch; worüber er sich lächelnd entschuldigte: ‚Ich bin erst über funfzig Jahre in Deutschland: wie hätt' ich da schon die Sprache lernen können!'"[16]

Salieris limitierte Deutschkenntnisse reduzierten seine Chancen auf Kompositionsaufträge, insbesondere in seinen späteren Lebensjahren, als die italienischsprachige Musik in Wien ihre Vorrangstellung verlor. Die sprachliche Barriere weckte selbst bei seinen Bewunderern Zweifel, wie etwa dem sächsischen Juristen Christian Gottfried Körner, der den Komponisten seinem Freund Friedrich Schiller nicht uneingeschränkt empfehlen mochte: „Wenn Du noch einmal zu den Malthesern einen Componisten brauchst, so würde ich Haydn vorschlagen; freilich Salieri noch lieber, wenn er deutsch versteht."[17] Ähnlich äußerte sich der Schriftsteller und Diplomat Georg August Griesinger gegenüber Breitkopf & Härtel und schlug vor, Salieri den Text für eine italienische Kantate zu geben, wobei er hinzufügte: „In der deutschen Sprache ist er auch nicht sonderlich bewandert."[18]

Salieris eigene Überlegungen verdeutlichen seine Schwierigkeiten mit der deutschen Sprache, insbesondere in schriftlicher Form, und die Probleme beim Navigieren zwischen Italienisch und Deutsch im Kontext der musikalischen Übersetzung erschwerten die Lage noch. In einem Brief von 1783 an Carl Friedrich Cramer gibt Salieri zu, dass er „unerfahren nicht nur im Sprechen der deutschen Sprache, sondern noch mehr im Lesen derselben in ihren nationalen Schriftzeichen [d. h. in der deutschen Kurrentschrift]" sei.[19] Des Weiteren äußert er sich höchst unzufrieden über die Übersetzung seiner Werke ins Deutsche, insbesondere mit Blick auf die Schwierigkeiten, die durch Unterschiede in den Strukturen der beiden Sprachen entstehen. Salieri berichtet von einer gescheiterten Zusammenarbeit, bei der ein deutscher Dichter versuchte, seine Oper *Daliso e Delmita* zu übersetzen. Wenngleich die Übersetzung das italienische Metrum und den emotionalen Gehalt beibehielt, resultierten die erzwungenen Veränderungen der Wortstellung und Reimform in Unbeholfenheiten sowohl in den Vokal- als auch in den Instrumentalstimmen, sodass Salieri das Ergebnis als unfreiwillig komisch empfand. Die Unzufriedenheit mit der Übersetzung führte dazu, dass er eine starke Abneigung gegen deutsche Adaptionen entwickelte, ein Gefühl, das er in besagtem Brief zum Ausdruck brachte: „Ich fasste eine solche Antipathie gegen jede Art von Übersetzung in der Musik, dass ich nicht davon hören konnte, ohne mich zu ärgern."[20]

Der Rauchfangkehrer

Nach der Gründung eines Singspiel-Unternehmens durch Joseph II. im Jahr 1778, der Auflösung der Opera-buffa-Truppe und einer zweijährigen Italienreise des Komponisten erhielt Salieri vom Kaiser einen neuartigen Auftrag, der seine sprachlichen Fähigkeiten auf die Probe stellen sollte: die Komposition eines deutschen Singspiels. Salieri protestierte beim Kaiser, dass er aufgrund seiner schlechten Deutschkenntnisse nicht wisse, wie er eine solche Aufgabe angehen solle, aber Joseph II. ermutigte ihn, sie als „Sprach-Uebung" zu betrachten.[21]

Das Ergebnis dieser Übung war das Singspiel *Der Rauchfangkehrer* von 1781, Salieris erstes Bühnenwerk in deutscher Sprache. Der Librettist Leopold Auenbrugger, ein steirischer Arzt, stand Salieri sehr nahe, da er als Trauzeuge bei dessen Hochzeit fungiert hatte und seine beiden Töchter, Marianne und Franziska, Schülerinnen von Salieri waren. Das Ergebnis ihrer Zusammenarbeit war ein Singspiel, dessen Titelfigur wahrscheinlich nach dem Vorbild von Salieri selbst gestaltet wurde; indem sie eine Geschichte schufen, mit der sich der Komponist identifizieren konnte, wurde Salieris erster Ausflug in das Genre des Singspiels mit lebendiger Authentizität auf die Bühne gebracht.

Der italienische Schornsteinfeger Volpino und die Köchin Lisel sind heimlich verlobt, während zwei Adlige, Bär und Wolf, die wohlhabende Witwe Frau von Habicht und deren Stieftochter Fräulein Nannette heiraten möchten, die beide Musikliebhaberinnen sind. Um die Zuneigung der Frauen zu gewinnen, entwickelt Volpino einen Plan: Er will die beiden mit seinem musikalischen Talent beeindrucken und sich durch eine raffinierte Täuschung eine Mitgift für die Ehe mit Lisel sichern. Wie zufällig hören ihn die beiden Frauen am Klavier ein italienisches Lied singen, und als er ihre Aufmerksamkeit erregt hat, erzählt er ihnen, er sei der Marchese d'Intrighi, der nach einem Mord beim Pharo-Spiel aus Italien habe fliehen müssen und nun als Schornsteinfeger getarnt reise. Die beiden Frauen bitten ihn, ihr Gesangs- und Italienischlehrer zu werden, was die Inszenierung der privaten Musikstunden auf der Bühne ermöglicht.

Mit vier italienischen Arien, die in das deutsche Libretto eingefügt wurden, und einem Protagonisten, dessen Deutsch durch italienische Einschübe und grammatikalische Fehler gefärbt ist, erkannte Salieri zweifellos ein Abbild seiner selbst auf der Bühne. Auenbruggers Darstellung von Volpinos Gesangsunterricht war wahrscheinlich unmittelbar von Erfahrungen mit dem Unterricht, den seine Töchter bei Salieri erhielten, inspiriert. Darüber hinaus spiegelte die Entscheidung, Volpino als Schornsteinfeger darzustellen, einen Aspekt der breiteren gesellschaftlichen Realität wider: Die Vorliebe für italienische Archi-

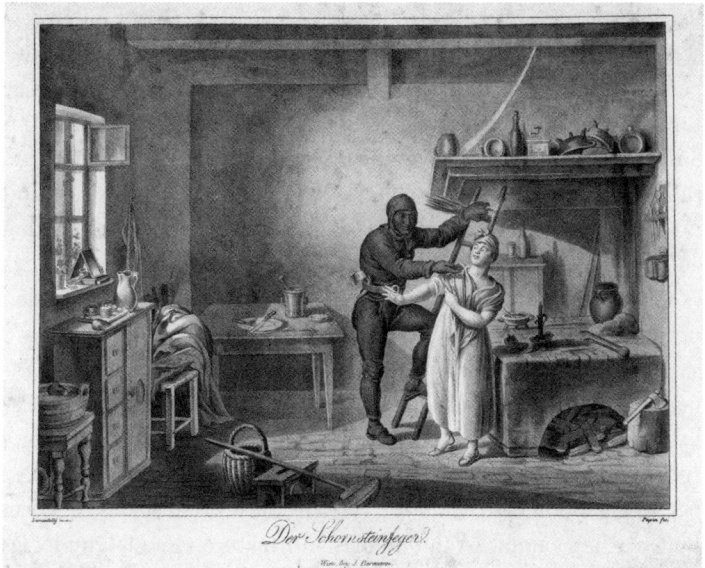

Abb. 2: Joseph Lanzedelly d. Ä., Heinrich Papin, aus der Serie *Wiener Szenen*: „Der Schornsteinfeger", Wien 1818–1820

tektur führte zu einer Dominanz italienischer Schornsteinfeger, da diese mit der Bauweise von Schornsteinen im italienischen Stil vertraut waren.²² Volpino verkörperte somit zwei italienisch dominierte Berufsfelder zugleich, deren entgegengesetzte soziale Welten in ihrem Aufeinandertreffen die Komik der Handlung befeuern.

Die Texte der vier italienischen Arien dienen dazu, den Handlungsverlauf zu kommentieren und seinen emotionalen Gehalt zu verstärken, was – in Verbindung mit den gesprochenen Italianismen, die in *Der Rauchfangkehrer* durchweg vorkommen – impliziert, dass ihre Bedeutung von vielen im Wiener Publikum verstanden worden sein muss. Volpinos erste Arie, „Augelletti che intorno cantate", mit der er Frau von Habicht und Nannette ködern will, bringt ebendiese Intention zum Ausdruck, während die zweite Arie den inneren Aufruhr Volpinos offenbart, der sich zwischen zwei Objekten der Zuneigung gefangen fühlt. Diese Arie, „Questo core sta per voi", hatte für Salieri tiefgehende persönliche Bedeutung, da der Text von Gassmann in dessen Oper *Il viaggiatore ridicolo* vertont worden war, die am 26. Oktober 1766, kurz nach Salieris Ankunft in Wien, uraufgeführt wurde. Die Einbindung der Arie als ein gewissermaßen eigenständiges Stück im Singspiel erinnert deutlich an die Einlagearien, mit deren Komposition Salieri in seiner Lehrzeit bei Gassmann beauftragt wurde, und unterstreicht so eine persönliche wie auch professionelle Verbindung zum Erbe seines Mentors.

Gleichermaßen autobiographisch gefärbt sind die Musikstunden mit Frau von Habicht und Nannette, die beide Texte von Metastasio singen. Die Rolle der Nannette wurde darüber hinaus für eine von Salieris bekanntesten Schülerinnen, die in Wien geborene Caterina Cavalieri, geschrieben. In beiden Arien unterbricht Volpino die Sängerinnen, um ihre italienische Aussprache zu korrigieren, insbesondere bei der eigensinnigeren Frau von Habicht, die bis zum Schluss mit dem Italienischen kämpft. Während diese Korrekturen im Libretto lediglich als Bühnenanweisungen erwähnt werden, hat Salieri sie explizit auskomponiert. Wahrscheinlich haben sich sowohl Auenbrugger als auch Salieri auf die Unterrichtserfahrungen des Komponisten gestützt, um die beiden Szenen zu entwerfen.

Im ersten Akt erklären Frau von Habicht und Nannette ihren Wunsch nach Italienisch- und Gesangsunterricht mit der Feststellung, dass Deutsch und Französisch für das Singen ungeeignet seien, während Italienisch aufgrund seiner inhärenten Musikalität und Klarheit im musikalischen Vortrag überlegen sei. Diese Vorstellungen spiegeln Salieris eigene Überzeugungen wider, wonach es notwendig sei, auf Italienisch zu singen, um überhaupt gut singen zu können. In seiner *Scuola di Canto*, einem Manuskript, das er für die Singschule der Gesellschaft der Musikfreunde verfasste, erklärt Salieri: „Es ist bekannt, dass von allen Sprachen Italienisch die günstigste zum Singen ist." Er hält außerdem fest, dass der richtige Lehrer „nicht nur von Geburt und Ausbildung Italiener sein muss, sondern auch aus einer Region stammen sollte, in der reines Italienisch gesprochen wird, wobei man, soweit möglich, auf das Sprichwort achten sollte: Lingua toscana in bocca romana [toskanische Zunge/Sprache in römischem Mund]". Darüber

Abb. 3: Antonio Salieri, „Se più felice oggetto" aus: *Der Rauchfangkehrer* (1781), autographe Partitur, fol. 172ᵛ mit Frau von Habichts falscher Aussprache von „Lasciami nell'error" (oberes System, letzter Takt) und Volpinos Korrektur

hinaus ermögliche eine solide Grundlage im Italienischen den Sänger:innen auch, später ihre sprachlichen Fähigkeiten auszubauen: „Wer gut auf Italienisch singt, wird auch in anderen Sprachen gut singen können – ich spreche ausschließlich von dem, was den Gesang betrifft."[23] Salieri setzt diese Vorgaben musikalisch um, da, wie er schreibt, die Aussprache besser durch das Singen als durch das Sprechen erlernt werden könne. *Der Rauchfangkehrer* spiegelt somit Salieris eigene pädagogische Herangehensweise wider, wie sie in der *Scuola di Canto* skizziert ist: So wie Nannette und Frau von Habicht die italienische Sprache beim Singen zu lernen beginnen, mussten auch Salieris eigene Schülerinnen – ob Cavalieri oder Marianne und Franziska Auenbrugger – beides gleichzeitig erlernen. Durch diesen Prozess der Übertragung wurde Salieris Unterricht lebendig auf die Bühne gebracht.

Lingua franca

Sofern Auenbrugger beabsichtigte, ein Libretto zu verfassen, das Salieris Einstieg in die Welt des Singspiels erleichtern sollte, indem er die sprachlichen Eigenheiten eines italienischen Muttersprachlers einbezog, baute er auf einer gut etablierten Tradition auf, die in vielen Buffo-Opern zu finden ist. Die Vielsprachigkeit war aufgrund ihres kreativen Potenzials ein wirkungsvolles Mittel in der komischen Oper, insbesondere angesichts des ständigen Bedarfs, maskierte Figuren auf die Bühne zu bringen. Ein Beispiel für das komische Potenzial eines mehrsprachigen Librettos, in dem Französisch und Deutsch sowie mehrere italienische Dialekte verwendet werden, war Salieris erster großer Erfolg auf der Wiener Bühne, die Commedia per musica *La fiera di Venezia*, die 1772 uraufgeführt wurde.

Dennoch besteht ein Unterschied zwischen mehrsprachigem Gesang auf der Bühne und mehrsprachiger Rede im Alltag. Wie Salieri in der *Scuola di Canto* schreibt: „Abschließend muss man bedenken, dass es eine Sache ist, eine Sprache zu lehren, um einfach Handel zu treiben, und eine ganz andere, sie zu lehren, um sie vor einem Publikum zu verwenden."[24] Der strategische Einsatz von Pidginsprachen in der Handelswelt und im informellen Austausch ist dem multilingualen Sprachgebrauch von Salieri selbst nicht unähnlich. Er muss sich daher besonders an dem kreolisierten italienisch-deutschen Gemisch erfreut haben, das in die Opera buffa *Falstaff* von 1799 Eingang fand.

In dieser Adaption von William Shakespeares *The Merry Wives of Windsor* wurde der *scena tedesca* große Bedeutung zugemessen. Dabei handelt es sich um eine hinzugefügte Szene, die in Shakespeares Vorlage nicht existiert und in der Mistress Ford, eine der beiden „lustigen Weiber", als vermeintlich Deutsche vor Falstaff erscheint, was zu einem humoristischen Wortwechsel in gebrochenem Italo-Deutsch führt. Ford wurde in der Uraufführung von Irene Tomeoni verkörpert, deren mangelndes Vertrauen in ihre Deutschkenntnisse eine nachträgliche Überarbeitung eines erheblichen Teils des Librettos erforderlich machte, damit eine zweite Szene, in der sie erneut dieses Sprachgemisch hätte vortragen sollen, gestrichen werden konnte.[25]

Abb. 4: Irene Tomeoni in einer Aufführung von Giovanni Paisiellos *Nina, o sia La pazza per amore* im Jahr 1794

Zweifellos war es das gestrichene Terzett, an dem ihr Selbstvertrauen zerbrach. Es sieht nicht nur ein lebhaftes Allegretto vor, sondern hätte von ihr verlangt, schnell zwischen Italienisch und Deutsch zu wechseln, oftmals in rasant vorgetragenen Achteln, die in mehreren Fällen

Abb. 5: Antonio Salieri, „Venire, nicht mancar", aus: *Falstaff* (1799), erste Fassung des 2. Akts, autographe Partitur, fol. 29ʳ.

von einem hohen c^3 absteigen und sich zu einem dreistimmigen Parlando-Durcheinander steigern.

Das Italienisch, das sie und Falstaff mit Deutsch vermischen, ist eine Pidginversion, in der unkonjugierte Verben im Infinitiv verwendet werden – eine vereinfachte Form, die in Handelskontexten als Lingua franca unter Menschen gebräuchlich war, die über verschiedene Muttersprachen hinweg kommunizieren mussten. Als ein Spiegelbild des polyglotten mündlichen Sprachgebrauchs – und nicht der schriftlichen Übermittlung ‚reiner' Sprache – geben die *scene tedesche* eine gängigere Sprechweise wieder, in der italienische und deutsche Muttersprachler:innen sich trafen, handelten und miteinander verkehrten.

Wie anhand von *Falstaff* und der *Scuola di Canto* ersichtlich wird, war Salieri mit den verschiedenen Arten vertraut, in denen Deutsch oder Italienisch als Erst- und als Zweitsprache eingesetzt wurde. Die Einbindung von gemischtsprachigen Szenen in *La fiera di Venezia*, *Der Rauchfangkehrer* und *Falstaff* bildete die vielsprachige, multikulturelle

Vielvölkerrealität sowohl des venezianischen als auch des habsburgischen Reichs ab, in denen die politischen Herrschaftsstrukturen verschiedene kulturelle Gruppen zusammenführten, die stark von Migration geprägt waren. Die genannten Bühnenwerke spiegeln die hochgradige Mobilität des Lebens in Wien wider, mit seinen internationalen Netzwerken und der unaufhörlichen Zirkulation von Menschen.

Über Salieris Gedanken zu seiner eigenen Identität kann nur spekuliert werden. In Mosels Biographie findet sich wenig, das eine starke Selbstwahrnehmung Salieris als Venezianer nahelegt – ein Aspekt seiner Identität, der offenbar durch seine rasche kulturelle Anpassung an die höfischen und intellektuellen Kreise Wiens in den Hintergrund trat. Die Jahrzehnte in Wien führten zu einer weitgehenden Integration in das politische und kulturelle Leben der Kaiserstadt, und als Hofkapellmeister stand er im Zentrum des österreichischen Musikbetriebs. Gleichwohl erlebte er in diesen Wiener Jahren bedeutende Umbrüche, sowohl politische Umwälzungen als auch einen Wandel des Musikgeschmacks an der Wende zum 19. Jahrhundert, wobei – wie er bedauernd feststellte – „Uebertreibung und Vermischung der Compositionsgattungen [...] an die Stelle einer verständigen und gediegenen Einfachheit" traten.[26] Seine mangelhaften Deutschkenntnisse führten nicht nur zu Einbußen bei Kompositionsaufträgen, sondern befeuerten auch eine posthume Geschichtsschreibung, die ihn ungerechtfertigterweise für eine Abneigung gegen deutsche Dichtung kritisierte. Letztendlich verkörperte Salieri eine kosmopolitische europäische Identität, die den Wandel der Zeiten, in denen er lebte, in sich begriff. Trotz ihrer Einzigartigkeit spiegeln seine Integrationsstrategien in vielerlei Hinsicht die komplexen Identitäten wider, die auch das Leben anderer Migrant:innen, die in dieser Zeit nach Wien kamen, prägten.

Markus Böggemann

Salieri, erinnert

Vier Vignetten zum Schluss

Schattenwürfe

Manchmal sagt ein Satzzeichen mehr als ein ganzes Buch: Die in ihrer Art verdienstvolle Salieri-Biographie von Volkmar Braunbehrens trug bei ihrem Erscheinen 1989 den Untertitel *Ein Musiker im Schatten Mozarts*. In der textlich ansonsten unveränderten Neuausgabe als Taschenbuch (1992) wurde daraus eine Frage: *Ein Musiker im Schatten Mozarts?*[1] Man darf es wohl als einen Erfolg des Buches werten, dass sich nun in Zweifel ziehen ließ, was drei Jahre zuvor noch als Selbstverständlichkeit daherkam – dass auf Salieri kein Licht fällt, weil ihm Mozart in der Sonne steht. Vor allem aber lag zwischen beiden Auflagen das ‚Mozart-Jahr' 1991, das neben Mozart unweigerlich auch Salieri zur Sprache brachte, und sei es als jenen bösartigen Gegenspieler, der er niemals war und den erst das 19. und 20. Jahrhundert aus ihm gemacht haben. So gesehen hätte der Salieri aus Peter Shaffers Theaterstück tatsächlich recht behalten: Wann immer von Mozart zukünftig die Rede sei, werde er ebenfalls genannt werden, „wenn schon nicht rühmlich, dann unrühmlich eben. Ich werde doch noch unsterblich".[2]

Abb. 1: Antonio Salieri. Lithographie von Friedrich Rehberg, 1821

Mozarts Schatten ist freilich breit, er verdunkelt je nach Sonnenstand wahlweise auch Komponist:innen wie Josef Starzer, Ignaz Umlauf, Vicente Martín y Soler, Marianna Martines, Leopold Hofmann oder Michael Haydn. Selbst Joseph Haydn steht als Opernkomponist im Schatten Mozarts. Das zeigt: Nicht das schattenwerfende Objekt, sondern die Lichtquelle, nicht Mozart, sondern die von der Rezeptionsgeschichte gewählte Perspektive trägt Schuld an der Verdunkelung. Wobei von ‚Schuld' hier natürlich keine Rede sein kann; die Geschichte ist schließlich kein Subjekt, an das sich moralische Ansprüche stellen ließen. Subjekte sind nur die in ihr handelnden Personen, und diesen im Nachhinein eine Verpflichtung aufzubürden, bestimmte Komponist:innen oder Werke nicht zu vergessen, unterlässt die sehr viel interessantere Frage, weshalb solch ein Vergessen stattgefunden hat oder manch eine Geschichtserzählung nur ein verzerrtes Bild überliefert. Wie die Beiträge des vorliegenden Bandes zeigen, lässt sich dieses Bild im Falle Salieris mithilfe der Quellen zurechtrücken und durch die Ergebnisse aktueller Forschungen erheblich differenzieren. So wird es möglich, zählebige Vorstellungen zu widerlegen und andere, facettenreichere Erzählungen an ihre Stelle treten zu lassen. Salieri steht dann nicht mehr im Schatten Mozarts, sondern im Licht eines aus unterschiedlichen Perspektiven erhellten historischen Kontexts.

Ressentiments

Einer der Gründe für Salieris postumes Verkennen liegt in der Idealisierung Wolfgang Amadé Mozarts durch dessen frühe Biographen. Die am Geniegedanken orientierten Narrative vom überragenden Können, vom rastlosen Leben und vom schockierend frühen (und in seinen Umständen viele Gerüchte befeuernden) Tod ihres Helden boten kaum Platz für gleichrangige Figuren: Ein Genie hat keine Kollegen, sondern – allein schon aus Gründen der Erzähllogik – Neider und Feinde. Bei Franz Xaver Niemetschek, dem Verfasser der ersten selbstständigen Biographie Mozarts in Buchform, klingt das so: „[D]ie schlauen Italiener sahen bald ein, daß ein solcher Kopf für ihr welsches Geklingel bald gefährlich werden dürfte. Der Neid erwachte nun mit der ganzen Schärfe des italienischen Giftes!"[3] Wenige Seiten später, im Zusammenhang mit der Erstaufführung von *Le nozze di Figaro*, verliert der Autor vollends die Contenance: „Dieser feige Bund verdienstloser Menschen blieb bis an das frühe Ende des unsterblichen Künstlers in voller Thätigkeit ihn zu hassen, zu verläumden, und seine Kunst herabzusetzen."[4] Und der irische Tenor Michael Kelly, Mozarts erster Basilio in *Le nozze di Figaro*, charakterisiert Salieri, ohne ihn beim Namen zu nennen, in seinen ebenso unterhaltsamen wie unzuverlässigen Memoiren als „a clever shrewd man, possessed of what Bacon called, crooked wisdom".[5] Der bei Kelly namenlose, bei Niemetschek gar nur unter seinesgleichen subsumierte Salieri wird hier zur Projektionsfläche anti-italienischer Ressentiments, von denen auch Mozart selbst

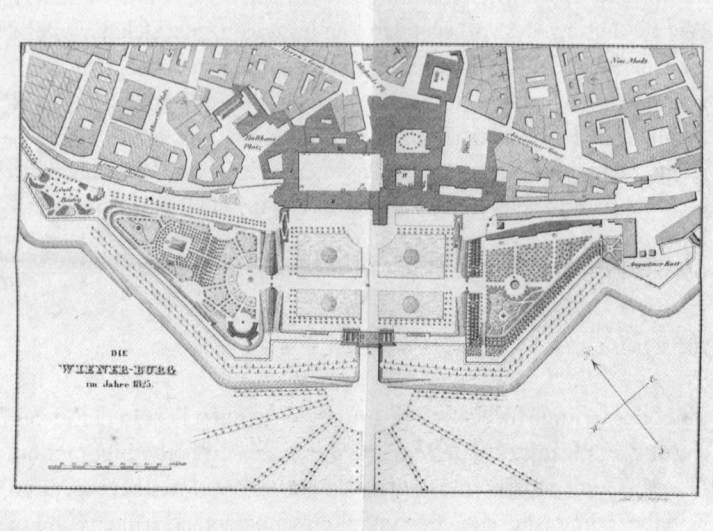

Abb. 2: Die Wiener Burg im Jahre 1825. Lithographie von F. Orlitsek

nicht frei war. Wie seine Briefe belegen, wittert er überall Intrigen von Salieri und der ab 1783 von Joseph II. reinstallierten italienischen Operntruppe. Damit übernimmt er die vorurteilsbeladene Haltung gegenüber dem Wiener Opernbetrieb, die sein Vater seit der gescheiterten Aufführung von *La finta semplice* 1768 kultivierte.[6] Für Leopold Mozart waren die Italiener und Salieri im Besonderen sogar an Misserfolgen schuld, die noch gar nicht stattgefunden hatten:

> Heute den 28ten gehet deines Bruders Opera, *Le Nozze di Figaro*, das erste mahl in Scena. Es wird viel seyn, wen er reußiert, denn ich weis, daß er erstaunliche starke Cabalen wider sich hat. *Salieri* mit seinem ganzen Anhang wird wieder Himmel und Erden in Bewegung zu bringen sich alle Mühe geben. H: und M:[dme] Duscheck sagten mir es schon, daß dein Bruder eben desswegen so sehr viele Cabalen gegen sich habe, weil er wegen seinem besonderen Talent und Geschicklichkeit in so grossem Ansehen stehe.[7]

Salieri, erinnert 125

Abb. 3: Lorenzo Da Ponte. Stich von Michele Pekenino nach Nathaniel Rogers

Angesichts dieser familiären Voreingenommenheit ist es um so aufschlussreicher, dass Mozart, wo er seinen Vater nicht mehr hinter sich weiß, Salieri mit Respekt begegnet, wie in dem Entwurf eines an den Erzherzog Franz adressierten Stellengesuchs vom Mai 1790:

> Eyfer nach Ruhm, liebe zur thättigkeit, und überzeugung meiner kenntnisse, […] heissen mich […] es […] wagen um eine zweyte kapellmeisterstelle zu bitten, besonders da der sehr geschickte kapellm Salieri sich nie dem kirchen Styl gewidmet […], ich […] aber vonn Jugend auf mir diesen Styl ganz eigen gemacht habe.[8]

Dass sich Salieri bis 1790 nie der geistlichen Musik gewidmet hat, stimmt zwar nicht; richtig ist aber, dass der erfolgreiche Opernkomponist nach seiner Ernennung zum Hofkapellmeister 1788 erst allmählich den ‚Kirchenstyl' für sich entdeckt. Mozart geht es also gerade nicht darum, mit Salieri zu konkurrieren, sondern, indem er sich ausdrücklich für die Kirchenmusik empfiehlt, um eine neu zu schaffende Aufteilung der Zuständigkeitsbereiche, die ganz selbstverständlich die professionelle Gleichrangigkeit der Stelleninhaber voraussetzt.[9] Dieser Respekt war ein gegenseitiger, auch über den Tod hinaus: Die historisch verbürgten Fakten zu Mozarts Exequien am 10. Dezember 1791 in der Michaelerkirche machen es wahrscheinlich, dass Salieri selbst die Feierlichkeiten leitete und seinem verstorbenen Kollegen somit die letzte Ehre erwies.[10]

Vergiftetes Lob

„Salieri era a que' tempi uno de' più famosi compositori di musica, carissimo all' Imperatore, amico intimo di Mazzolà, colto, dotto, sebbene Maestro di Cappella, ed amantissimo de' letterati."[11] Kultiviert, ja gelehrt sei Antonio Salieri gewesen, obwohl Kapellmeister – der Dichter Lorenzo Da Ponte hatte, als er seine Memoiren schrieb, deren erste Ausgabe 1823 in New York erschien, zweifellos genug Erfahrungen mit dieser Berufsgruppe gesammelt, um Salieri positiv davon abzuheben. Dennoch bleibt der Satz eine in Wohlwollen gehüllte Bösartigkeit, wegen der Konjunktion „sebbene" (all seinen Qualitäten zum Trotz bleibt Salieri eben doch ein Kapellmeister), aber auch wegen seiner Betonung der Vergangenheit: Jene Zeiten, in denen Salieri berühmt war – und Kapellmeister von Schriftstellern noch geliebt wurden –, sie sind lange vorbei. Aus der Perspektive des ehemals berühmten Librettisten, Hofpoeten und Homme de lettres von europäischem Format, der in Amerika u. a. zum Weinhändler und Italienischlehrer wurde, scheinen diese Zeiten in der Tat noch ferner gerückt zu sein, als die 40 Jahre, die zwischen der Ankunft des noch unbekannten Dichters in Wien und der Gegenwart des Memoirenschreibers Da Ponte liegen, ermessen lassen. 1781 lernte Da Ponte auf Empfehlung Caterino Mazzolàs Salieri kennen, der ihm zu Kontakten und ab 1783 zu einer Anstellung als kaiserlicher Theaterdichter verhalf. Beide arbeiteten auch in mehreren Opernprojekten zusammen – nicht immer erfolgreich, weshalb es um 1789 zum Bruch kam. Dass Salieri für Da Pontes Entlassung 1790 und für seine anschließende Ausweisung aus Wien verantwortlich gewesen sein soll, ist freilich ebenso im Zorn erfunden wie das fingierte Gespräch zwischen dem Dichter und Kaiser Leopold, in dem der Kaiser zum Sprachrohr von Da Pontes Ansicht wird:

> Es ist unnötig, daß Sie mir von Salieri sprechen. Ich kenne diesen zur Genüge. Ich weiß alle seine Kabalen und auch die von der Cavalieri. Er ist ein unausstehlicher Egoist und möchte, dass auf meinem Theater nur seine Opern und seine Schöne gefallen; er ist nicht allein Ihr Feind, sondern er ist auch Feind von allen Kapellmeistern, allen Sängern, allen Italienern, besonders auch von mir, weil er weiß, dass ich ihn kenne.[12]

Aus dem hilfsbereiten Unterstützer seiner ersten Schritte in Wien und als Theaterdichter war nun Da Pontes Erzfeind („Primario Nemico") geworden –

> [w]eil er der Alleinherrscher des Theaters ist. […] Weil er die Cavalieri als Prima Donna singen lässt, obwohl ich vorgeschlagen habe, sie in den Ruhestand zu schicken. […] Weil er mehrmals öffentlich gesagt hat, dass man am Cembalo keinen Kapellmeister braucht, sondern einen Cembalisten.[13]

Diese Ansammlung von theatertypischen Belanglosigkeiten, die sich als – von eins bis sieben durchnummerierte – gewichtige Anklagen ausgeben, fällt auf den Kläger zurück; sie weckt eher Mitleid als Empörung. Der Ärger, der sich hier Luft macht, ist groß, und er ist offen-

Abb. 4: Charles-Maurice de Talleyrand-Périgord. Lithographie von Antoine Maurin

bar auch nach 30 Jahren noch nicht ganz verraucht, wie Da Pontes Memoiren zeigen. Salieri hat wahrscheinlich weder dieses Schriftstück noch die Memoiren Da Pontes jemals zu Gesicht bekommen.

Der Diplomat

„Salieri kam mir vor wie der größte musikalische Diplomat; er war der Talleyrand der Musik."[14] Anselm Hüttenbrenner erinnert sich an seinen Lehrer, indem er sich an eine andere Person erinnert und mutmaßlich an ein mit dieser verknüpftes Ereignis. Hüttenbrenner begann seinen Unterricht bei Salieri im Jahr 1815, zur Hochzeit des Wiener

Kongresses. Eine, wenn nicht die zentrale Figur dieses diplomatischen Großereignisses zur Neuordnung Europas nach der Niederlage Napoleon Bonapartes war Charles-Maurice de Talleyrand-Périgord (1754–1838), ein Meister politischen Verhandlungsgeschicks und für das 19. Jahrhundert das Musterbeispiel eines mit allen Wassern gewaschenen Diplomaten.

Da er sowohl im vorrevolutionären Frankreich als auch während der Französischen Revolution, unter Napoleon und schließlich noch in der Restaurationszeit hohe Ämter innehatte, wurde Talleyrands Name zum Inbegriff des politischen Opportunismus. Dieses negative Urteil jedoch dürfte Hüttenbrenner nicht im Sinn gehabt haben, als er seinen Lehrer als einen vollendeten Diplomaten charakterisierte. Vielmehr lenkt er die Aufmerksamkeit auf Salieris administrative und organisatorische Qualitäten, die vermutlich oft für den Ausgleich von Interessen und das Moderieren von Konflikten benötigt wurden – nicht nur im Theater, sondern auch in der Hofkapelle, der er seit 1788 vorstand. Das Überhandnehmen von Verwaltungsaufgaben ist auch als ein plausibler Grund für Salieris zwischenzeitlich sehr verringerte kompositorische Produktivität angeführt worden. Vor allem aber war Salieri – auf musikalische Verhältnisse übertragen – stets ein Vertreter des Ancien Régime; sein Bezugspunkt war in der Oper Christoph Willibald Gluck, dem er seinen ersten Pariser Erfolg zu verdanken hatte, und in der Kirchenmusik, vermittelt über seinen Lehrer Florian Leopold Gassmann, Johann Joseph Fux. Als Lehrer mag Salieri Größen des 19. Jahrhunderts wie Franz Schubert, Ludwig van Beethoven und Franz Liszt ausgebildet haben, er selbst blieb als Komponist dem 18. Jahrhundert, insbesondere den 1770er-Jahren, ästhetisch verhaftet. Deshalb kommen beispielsweise Gattungsmischungen bei ihm nicht vor, die Unterscheidung der musikalischen Ausdrucks- und Gestaltungsmittel für Kirchen-, Kammer- und Theatermusik wird von Salieri, anders als von Mozart und der nachfolgenden Generation, noch strikt gewahrt. Und indem er mit dieser Orientierung an älteren Normen ins 19. Jahrhundert hineinragt, übernimmt er eine Brücken- und Vermittlerfunktion, die untergründig weitreichende Wirkungen zeitigt.

Diplomaten sind Fachleute für Vermittlung, für das Verbinden auseinanderstrebender oder disparater Elemente; der „Talleyrand der Musik" Antonio Salieri vermittelt über die Epochenschwelle hinweg Ideen, Techniken und Positionen, die in ihrem neuen Rahmen eine noch gar nicht absehbare Wirkung entfalten werden. Auch das ist Diplomatie.

Abbildungsnachweis

Breckwoldt
Abb. 1   ÖNB/Wien PORT_00155581_01
Abb. 2   ÖNB/Wien Pg 193.096:I(7)
Abb. 3   Wien Museum Inv.-Nr. 51004/11, CC0 (https://sammlung.wien-museum.at/objekt/125474/)
Abb. 4   ÖNB/Wien PORT_00157393_01
Abb. 5   A-Wsa, Mag. ZG A10, 254/1825

Lodes
Abb. 1   ÖNB/Wien HK.2976
Abb. 2   ÖNB/Wien HK.2945
Abb. 3   ÖNB/Wien Mus.Hs.42532

Meier
Abb. 1   ÖNB/Wien Mus.Hs.4531
Abb. 2   Scan, ÖNB/Wien SA.82.D.23/1-2, Vorlage: Musiksammlung der Österreichischen Nationalbibliothek

Kopecky
Abb. 1   ÖNB/Wien PORT_00157341_01
Abb. 2   ÖNB/Wien PORT_00058842_02
Abb. 3   ÖNB/Wien PORT_00156649_01
Abb. 4   ÖNB/Wien PORT_00155458_01
Abb. 5   ÖNB/Wien ANNO (https://anno.onb.ac.at/cgi-content/anno-show-plus?call=ttu|1837|0006|1||jp2||O|

Böggemann, Übermut, orchestral
Abb. 1   ÖNB/Wien SH.Corelli.7

Abb. 2   ÖNB/Wien Mus.Hs.4463
Abb. 3   ÖNB/Wien 215412-B
Abb. 4   ÖNB/Wien Mus.Hs.4463

Boenke
Abb. 1   Notenbeispiel vom Verfasser
Abb. 2   Notenbeispiel vom Verfasser
Abb. 3   Notenbeispiel vom Verfasser

Edwards
Abb. 1   ÖNB/Wien Kart.Abt.185(Alb)
Abb. 2   Wien Museum., Inv.-Nr. 108316, CC0 (https://sammlung.wien-museum.at/objekt/530078/)
Abb. 3   ÖNB/Wien Mus.Hs.16611
Abb. 4   ÖNB/Wien PORT_00157347_01
Abb. 5   ÖNB/Wien Mus.Hs.4489

Böggemann, Salieri, erinnert
Abb. 1   ÖNB/Wien PORT_00154573_01
Abb. 2   ÖNB/Wien PK 227, 6
Abb. 3   ÖNB/Wien PORT_00002169_01
Abb. 4   ÖNB/Wien NB 503.769 B

Weiterführende Literatur

Rudolph Angermüller, Antonio Salieri. Dokumente seines Lebens, 3 Bände, Bad Honnef 2000.

Richard Armbruster, Das Opernzitat bei Mozart, Kassel 2001.

Volkmar Braunbehrens, Salieri. Ein Musiker im Schatten Mozarts? Eine Biographie, München 1992.

Paolo Budroni (Hg.), Mozart und Salieri – Partner oder Rivalen? Das Fest in der Orangerie zu Schönbrunn vom 7. Februar 1786, Göttingen 2008.

Otto Erich Deutsch, Die Legende von Mozarts Vergiftung, in: Mozart-Jahrbuch des Zentralinstitutes für Mozartforschung der Internationalen Stiftung Mozarteum, Salzburg 1964, S. 7–18.

Timo Jouko Herrmann, Antonio Salieri und seine deutschsprachigen Werke für das Musiktheater, Leipzig 2015.

Jane Schatkin Hettrick, Antonio Salieri's Requiem Mass. The Moravian Connection, in: Kathryn L. Libin (Hg.), Mozart in Prague: Essays on Performance, Patronage, and Reception, Prag 2016, S. 31–44.

Mary Hunter, The Culture of Opera Buffa in Mozart's Vienna: A Poetics of Entertainment, Princeton 1999.

Herbert Lachmayer u. a. (Hg.), Salieri sulle tracce di Mozart, Ausstellungskatalog zur Wiedereröffnung der Mailänder Scala im Dezember 2004, Kassel 2004.

Herbert Lachmayer (Hg.), Mozart. Experiment Aufklärung im Wien des ausgehenden 18. Jahrhunderts. Essayband zur Mozart-Ausstellung in der Albertina Wien, Ostfildern 2006.

Ignaz von Mosel, Ueber das Leben und die Werke des Anton Salieri, k. k. Hofkapellmeisters […], Wien 1827, https://www.digitale-sammlungen.de/en/details/bsb10600260 (letzter Zugriff: 15.12.2024).

Francesco Passadore (Hg.), Antonio Salieri. La carriera di un musicista fra storia e leggenda, Lucca 2017.

John A. Rice, Antonio Salieri and Viennese Opera, Chicago 1998.

Julia Ronge, Beethovens Lehrzeit. Kompositionsstudien bei Joseph Haydn, Johann Georg Albrechtsberger und Antonio Salieri, Bonn 2011.

Christoph Wolff, „Vor der Pforte meines Glückes". Mozart im Dienst des Kaisers (1788–1791), Kassel 2013.

Anmerkungen

Antonio Salieri – Biographisches

1. Ignaz von Mosel, Ueber das Leben und die Werke des Anton Salieri, k. k. Hofkapellmeisters, Wien 1827, S. 207 f. Das lateinische Zitat stammt aus Horaz' Epistulae I 20:25: „aber ich bin auch leicht zu beruhigen".
2. Mosel, Anton Salieri (wie Anm. 1) S. 22.
3. Ebd., S. 26.
4. Ebd., S. 30–32. Ranieri de' Calzabigi schrieb mehrere Libretti für Gluck, unter anderem zu *Orfeo ed Euridice* und *Alceste*.
5. Ebd., S. 34.
6. Ebd.
7. Ebd., S. 35.
8. Ebd.
9. Ebd., S. 41.
10. Timo Jouko Herrmann, Antonio Salieri und seine deutschsprachigen Werke für das Musiktheater, Leipzig 2015, S. 61.
11. *Les Danaïdes* bleiben noch lange im Repertoire der europäischen Opernhäuser. 1822 sitzt der Medizinstudent Hector Berlioz in einer Aufführung – er ist so begeistert, dass er sein Studium abbricht, um Komponist zu werden.
12. John A. Rice, Antonio Salieri and Viennese Opera, Chicago 1998, S. 386.
13. Joseph II. an Graf Mercy, 2. Januar 1787, zitiert nach: Rice, Antonio Salieri (wie Anm. 12), S. 386 [Übers. von der Autorin].
14. „[Les Horaces] est un fort bel Ouvrage, mais un peu sévére [sic] pour Paris." Zitiert nach: Rudolph Angermüller, Antonio Salieri. Dokumente seines Lebens, 3 Bde., Bad Honnef 2000, Bd. 2, S. 34.
15. Nach Rice bedeutet der Name Tarare „Unsinn", vgl. ders., Antonio Salieri (wie Anm. 12), S. 392.
16. Kaiserin Maria Theresia zählte Salieri zu den deutschen Komponisten, denen gegenüber sie noch den „geringsten Italiener" bevorzugte: „Pour le théâtre, j'avoue que je préfère le moindre Italien à tous nos compositeurs, et Gaismann [sic] et Salieri et Gluck et autres." Brief an die Erzherzogin Maria Beatrice vom 12. November 1772, zitiert nach: Rudolph Angermüller, Antonio Salieri, Dokumente seines Lebens, 3 Bde., Bad Honnef 2000, Bd. 1, S. 61.

17 Constanze Wimmer, Die Hofmusikkapelle in Wien unter der Leitung von Antonio Salieri (1788–1824), in: Studien zur Musikwissenschaft 47 (1999), S. 129–214, hier S. 143.
18 Franz Schubert, Tagebucheintrag vom 16. Juni 1816, in: Otto Erich Deutsch, Schubert. Die Dokumente seines Lebens, Leipzig 1964. S. 45.
19 Mosel, Anton Salieri (wie Anm. 1), S. 209.
20 Ebd., S. 51–56.
21 Aufzeichnungen des schwedischen Dichters P. D. A. Atterbom über berühmte deutsche Männer und Frauen nebst Reiseerinnerungen aus Deutschland und Italien aus den Jahren 1817–1819. Aus dem Schwedischen übersetzt von Franz Maurer, Berlin 1867, S. 188.
22 Wiener Zeitung, 14. Mai 1825 (Nr. 109), S. 474.
23 Friedrich Rochlitz, Zusatz aus einem spätern Briefe, in: Allgemeine musikalische Zeitung 30 (1828), Nr. 1 (2. Januar 1828), Sp. 5–16, hier Sp. 7 f.
24 Brief vom 14. Oktober 1791, in: Mozart. Briefe und Aufzeichnungen. Gesamtausgabe, hg. von der Internationalen Stiftung Mozarteum Salzburg, Band IV: 1787–1857, Kassel 2005, S. 161–163, hier S. 162. Mozart hatte Salieri und die Sängerin Caterina Cavalieri eingeladen.
25 Calisto Bassi, A Lodovico van Beethoven: Ode alcaica. Vgl. dazu Gustav Gugitz, Zu Mozarts Tod – nach ungedrucktem Material, in: Mozarteums-Mitteilungen 3 (1920), Heft 1, S. 1–8.
26 Charlotte Moscheles (Hg.), Aus Moscheles' Leben. Nach Briefen und Tagebüchern herausgegeben von seiner Frau, Bd. 1, Leipzig 1872, S. 84 f.
27 Robert Reid, Pushkin's *Mozart and Salieri*. Themes, Character, Sociology, Amsterdam/Atlanta 1995, S. 11.
28 The Simpsons, „Margical History Tour", Season 15, Episode 11 (2004).

Für Gott und den Kaiser

1 Friedrich Rochlitz, Nekrolog Antonio Salieri, in: Allgemeine musikalische Zeitung 27 (1825), Nr. 24 (13. Juni 1825), Sp. 404–414, hier Sp. 414.
2 Jen-yen Chen, The Tradition and Ideal of the *Stile antico* in Viennese Sacred Music, 1740–1800, Ph. D. Dissertation, Harvard 2000, S. 183 f.

3   Antonio Salieri, Des östreich. kaiserl. ersten Capellmeisters, Hrn. Antonio Salieri in Wien, Erklärung in Beziehung auf Rochlitz's Aufsatz: Glucks letzte Pläne und Arbeiten, in der 25sten No. d. Z. vom vorigen Jahre, in: Allgemeine musikalische Zeitung 12 (1809/10), Nr. 13 (27. Dezember 1809), Sp. 196–198, hier Sp. 197.
4   Friedrich Rochlitz, Zusatz aus einem spätern Briefe, in: Allgemeine musikalische Zeitung 30 (1828), Nr. 1 (2. Januar 1828), Sp. 4–16, hier Sp. 10.
5   Joseph Frühwald, Catalog der neueren gangbaren Kirchen-Musik für das k. k. Hof-Musik-Grafen-Amts-Archiv 1825, Archiv der Hofmusikkapelle Wien, ÖNB Mus.Hs.2464, fol. 5v.
6   David Ian Black, Mozart and the Practice of Sacred Music, 1781–91, Ph. D. Dissertation, Harvard 2007, S. 145.
7   Jane Schatkin Hettrick, Introduction, in: Dies. (Hg.), Antonio Salieri: Plenary Mass in C with Te Deum, Middleton 2016, S. IX–XVIII, hier S. X.
8   Jane Schatkin Hettrick, Introduction, in: Dies. (Hg.), Antonio Salieri: Requiem. With Two Related Motets, Middleton 2017, S. IX–XXV, hier S. XII f. und Plate 1.
9   Aus dem Prüfungssaal des Vereins zur Beförderung ächter Kirchenmusik, in: Deutsche Musik-Zeitung 1 (1860), Nr. 30 (21. Juli 1860), S. 239.

Übernahmen und Anspielungen bei Salieri, Mozart und Da Ponte oder: Così fan tutti

1   Lorenzo Da Ponte, Mein abenteuerliches Leben. Die Erinnerungen des Mozart-Librettisten, Zürich 1991, S. 125.
2   Nerina Medici di Marignano, Rosemary Hughes (Hg.), Eine Wallfahrt zu Mozart. Die Reisetagebücher von Vincent und Mary Novello aus dem Jahre 1829. Deutsche Übertragung von Ernst Roth, Bonn 1955, S. 80.
3   Ebd., S. 79.
4   Vgl. *Così fan tutte*, 1. Akt, 13. Szene: „[A]mor cos'è? Piacer, comodo, gusto, gioia, divertimento, passatempo, allegria: non è più amore se incomodo diventa".
5   Lorenzo Da Ponte, Memorie di Lorenzo Da Ponte, da Ceneda, 2. korrigierte, mit Anmerkungen und um einen Band vermehrte Ausgabe, 3 Bde., 1. Band, Teil 2, New York 1829, S. 103: „[…] è voluttuoso senza esser lascivo".
6   Mary Hunter, The Culture of Opera Buffa in Mozart's Vienna. A Poetics of Entertainment, Princeton 1999, S. 257–272.

7 Norbert Miller, Das trügerische Spiel mit den Empfindungen. Lorenzo Da Pontes und Wolfgang Amadeus Mozarts Schule der Liebenden, in: Wolfgang Amadeus Mozart, Così fan tutte ossia La scuola degli amanti K. 588. Facsimile of the Autograph Score (Mozart Operas in Facsimile, V, 3), Los Altos 2007, S. 18–28, hier S. 23.
8 Ebd.
9 Sigmund von Birken, Hochfürstlicher Brandenburgischer Ulysses, Bayreuth 1668, S. 151, zitiert nach: Gunter E. Grimm, Ursula Breymayer, Walter Erhart: „Ein Gefühl von freierem Leben". Deutsche Dichter in Italien, Stuttgart 1990, S. 20.
10 *Così fan tutte*, 2. Akt, 13. Szene.
11 Mozart. Briefe und Aufzeichnungen. Gesamtausgabe, hg. von der Internationalen Stiftung Mozarteum Salzburg, Band I: 1755–1776, Kassel 2005, S. 360 f.
12 Rapport von Wien, I. Quartal, V. Stück (15. Oktober 1788), S. 79.
13 Hunter, Culture (wie Anm. 6) S. 252 f.
14 Vgl. Johann Pezzl, Skizze von Wien, hg. von Gustav Gugitz und Anton Schlosser, Graz 1923 (EA Wien 1786/87), S. 318: „Der ernsthaften Oper ist man, wie billig, ganz überdrüssig."
15 *Così fan tutte*, 2. Akt, 16. Szene (T. 197–204).

„… zudem gesellte sich noch ihre sonore Stimme, ihr Gefühl anregender Vortrag, und ihr meisterhafter Gesang …"

1 Rudolph Angermüller, Antonio Salieri. Sein Leben und seine weltlichen Werke unter besonderer Berücksichtigung seiner ‚großen' Opern. Teil II, 1: Vita und weltliche Werke, München 1974, S. 8.
2 Ignaz von Mosel, Ueber das Leben und die Werke des Anton Salieri, k. k. Hofkapellmeisters, Wien 1827, S. 19.
3 Ebd., S. 22.
4 Friedrich Rochlitz, Nekrolog Antonio Salieri, in: Allgemeine musikalische Zeitung 27 (1825), Nr. 24 (13. Juni 1825), Sp. 404–414, hier Sp. 412.
5 Rudolph Angermüller, Antonio Salieri. Sein Leben und seine weltlichen Werke unter besonderer Berücksichtigung seiner ‚großen' Opern. Teil III: Dokumente, München 1972, S. 228.
6 Mosel, Anton Salieri (wie Anm. 2), S. 184 und Fußnote.

7 Franz Carl Weidmann, Nekrolog. Anton Salieri, k. k. Hof-Capellmeister, in: Wiener Zeitschrift für Kunst, Literatur, Theater und Mode, 27. August 1825 (Nr. 103), S. 858 f.
8 Melanie Unseld, Mozarts Frauen. Begegnungen in Musik und Liebe, Reinbek bei Hamburg 2005, S. 124–147.
9 Musikalische Korrespondenz der teutschen Filarmonischen Gesellschaft (Musikalische Realzeitung), 10. November 1790 (Nr. 19), Sp. 146.
10 Wiener Theater-Zeitung 22 (1829), Nr. 27 (3. März 1829), S. 107.
11 Transylvanus, Aus Lemberg, in: Wiener Theater-Zeitung 28 (1835), Nr. 197 (3. Oktober 1835), S. 787.
12 Ludwig Eisenberg, Großes Biographisches Lexikon der Deutschen Bühne im XIX. Jahrhundert, Leipzig 1903, S. 165.
13 Vgl. „Cornet, Julius", in: Constant von Wurzbach, Biographisches Lexikon des Kaiserthums Oesterreich, Dritter Theil, Wien 1858, S. 3 f.
14 Julius Lasker, Eine Erinnerung an Julius Cornet, in: Signale für die musikalische Welt 18 (1860), Nr. 42 (11. Oktober 1860), S. 493 f., hier S. 494.
15 Wiener Theater-Zeitung 18 (1825), Nr. 72 (16. Juni 1825), S. 299.
16 Wiener Theater-Zeitung 19 (1826), Nr. 1 (3. Januar 1826), S. 4.
17 Wiener Zeitung, 13. August 1840 (Nr. 223), S. 1551.

Übermut, orchestral

1 Vgl. dazu im vorliegenden Band den Beitrag von Patrick Boenke, Salieri als Kompositionslehrer, S. 91–102.
2 Vgl. Peter Gülke, Die Konzerte, in: Silke Leopold (Hg.), Mozart Handbuch, Kassel u. a. 2005, S. 327–381, hier S. 342 f.
3 Vgl. die Übersicht in Hans Joachim Marx, Die Überlieferung der Werke Arcangelo Corellis. Catalogue raisonné, Köln 1980, S. 172–184.
4 John A. Rice, „La Folia" in Late Eighteenth- and Early Nineteenth-Century Vienna, in: Ingrid Fuchs (Hg.), Festschrift Otto Biba zum 60. Geburtstag, Tutzing 2006, S. 85–96, hier S. 85.
5 John A. Rice, Empress Marie Therese and Music at the Viennese Court 1792–1807, Cambridge 2003, S. 302.
6 Ebd., S. 67 f. Eine hörenswerte Einspielung der Eybler'schen Bearbeitung haben Reinhard Goebel und das hr-Sinfonieorchester vorgelegt: Sony Classical 19075929592.

7 Rice, Empress Marie Therese (wie Anm. 5), S. 90.
8 Rice, „La Folia" (wie Anm. 4), S. 86.
9 Vgl. ebd., S. 86 f.
10 Ebd.
11 Die in der Bibliothèque nationale de France aufbewahrte Partitur enthält außer einem Satz *Les folies d'Espagne pour la harpe* auch eine musikalisch eigenständige Alternativversion mit Gitarre. Vgl. Luigi Cherubini, Les Abencérages, Opéra en 3 Actes [...], Ms., Paris BnF, https://gallica.bnf.fr/ark:/12148/btv1b525116383 (letzter Zugriff: 04.12.2024), S 469–480 und S. 489–499.
12 N. N., Concerte, in: Allgemeine musikalische Zeitung mit besonderer Rücksicht auf den österreichischen Kaiserstaat 3 (1819), Nr. 1, Sp. 3–8, hier Sp. 7 f.
13 Ignaz von Mosel, Ueber das Leben und die Werke des Anton Salieri, k. k. Hofkapellmeisters, Wien 1827, S. 199.
14 Vgl. Paolo Fabbri, Coordinate teoriche e lessico teatrale nei „pareri" di Salieri, in: Francesco Passadore (Hg.), Antonio Salieri. La carriera di un musicista fra storia e leggenda, Lucca 2017, S. 199–209.
15 Rice, „La Folia" (wie Anm. 4), S. 95 f.
16 N. N., Wien. Uebersicht des Montas December, in: Allgemeine musikalische Zeitung 18 (1816), Nr. 5 (31. Januar 1816), Sp. 74–79, hier Sp. 77 f.
17 Vgl. Bernd Edelmann, Der bürgerliche Händel. Deutsche Händel-Rezeption von 1800 bis 1850, in: Ulrich Tadday (Hg.), Händel unter Deutschen (Musik-Konzepte Neue Folge 131), München 2006, S. 23–51, besonders S. 40–44.
18 Vgl. dazu Emily I. Dolan, The Orchestral Revolution. Haydn and the Technologies of Timbre, Cambridge 2013, S. 148 und passim.

Salieri als Kompositionslehrer

1 Johann Joseph Fux, Gradus ad Parnassum, Wien 1725. Große Bekanntheit erlangte auch Lorenz Christoph Mizlers Übersetzung Gradus ad Parnassum oder Anführung zur regelmäßigen musikalischen Composition, Leipzig 1742.
2 Johann Georg Albrechtsberger, Gründliche Anweisung zur Komposition mit deutlichen und ausführlichen Exempeln, Leipzig 1790.

3   Zuletzt hat Lorraine Byrne Bodley am Beispiel von Schuberts Unterricht bei Salieri auf diesen Einfluss hingewiesen. Siehe Lorraine Byrne Bodley, Schubert. A Musical Wayfarer, New Haven/London 2023, S. 57–86.
4   Ohne die Vielfalt an Materialien und künstlerischen Umgangsformen damit einengen zu wollen, schlug Giorgio Sanguinetti als pragmatische Begriffserklärung vor: „[A] partimento is a sketch, written on a single staff, whose main purpose is to be a guide for improvisation of a composition at the keyboard." Giorgio Sanguinetti, The Art of Partimento. History, Theory, and Practice, New York 2012, S. 14.
5   Anselm Hüttenbrenner, Kleiner Beytrag zu Salieri's Biographie, in: Allgemeine musikalische Zeitung 27 (1825), Nr. 48 (30. November 1825), Sp. 796–799, hier Sp. 796 f.
6   Alfred Mann (Hg.), Schuberts Studien (Franz Schubert, Neue Ausgabe sämtlicher Werke VIII/2), Kassel 1986.
7   Vgl. ebd., S. 22. Im Original sind alle drei Stimmen der Übung in C-Schlüsseln notiert.
8   Vgl. ebd., S. 185.
9   Vgl. ebd., S. 186.
10 Julia Ronge (Hg.), Kompositionsstudien bei Joseph Haydn, Johann Georg Albrechtsberger und Antonio Salieri (Beethoven Werke XIII/1), Bonn 2014.
11 Julia Ronge, Beethovens Lehrzeit. Kompositionsstudien bei Joseph Haydn, Johann Georg Albrechtsberger und Antonio Salieri, Bonn 2011.
12 Ebd., S. 150.
13 Für den im Original auf Italienisch verfassten Brief siehe Rudolph Angermüller, Antonio Salieri. Dokumente seines Lebens, 3 Bde., Bad Honnef 2000, Bd. 3, S. 249 f. Die deutschsprachige Übersetzung wird zitiert nach Johann Harich, Franz Liszt – Vorfahren und Kinderjahre, in: Österreichische Musikzeitschrift 26 (1971), S. 503–514, hier S. 510.
14 Siehe Anton Diabellis Vaterländischer Künstlerverein. Zweite Abteilung (Wien 1824), hg. von Günter Brosche (Denkmäler der Tonkunst in Österreich 136), Graz 1983. Etliche Schüler Salieris steuerten ebenso Variationen zu diesem Projekt bei.
15 Brief vom 15. Mai 1882 an den Pariser Musikverleger Théodore Michaelis, in: Franz Liszts Briefe, Bd. 8, hg. von La Mara (= Marie Lipsius), Leipzig 1905, S. 395 f.

Salieri als Migrant

1. Ignaz von Mosel, Ueber das Leben und die Werke des Anton Salieri, k. k. Hofkapellmeisters, Wien 1827, S. 20–22.
2. Ebd., S. 22.
3. Andreas Weigl, Demographischer Wandel und Modernisierung in Wien, Wien 2000, S. 57–60.
4. Annemarie Steidl, Auf nach Wien! Die Mobilität des mitteleuropäischen Handwerks im 18. und 19. Jahrhundert am Beispiel der Haupt- und Residenzstadt, Wien/München 2003, S. 67.
5. Mosel, Anton Salieri (wie Anm. 1), S. 20.
6. Manfred Zips, Wo befand sich das erste Gotteshaus der Minoriten in Wien? – Ein verschwundenes Baujuwel nebst der Minoritenkirche, http://www.minoritenkirche-wien.info/daten/lndk-meditation2015-1.htm (letzter Zugriff: 04.12.2024).
7. Giacomo Borioni, Manfred Zips, 1625–2015 / 390 Jahre Italienische Kongregation, http://www.minoritenkirche-wien.info/daten/lndk-meditation2015-2.htm (letzter Zugriff: 04.12.2024).
8. Martin Scheutz, Italiener im Wien des 18. Jahrhunderts. Neubürger, Hofangehörige und hofbefreite Handwerker, in: Römische Historische Mitteilungen 65 (2023), S. 185–230, hier S. 227. Vgl. auch Manfred Zips, Die Minoritenkirche „Maria Schnee" in Wien. Ihre Geschichte und ihre Kunstdenkmäler, Passau 2012, S. 48.
9. Mosel, Anton Salieri (wie Anm. 1), S. 52.
10. Ebd., S. 51.
11. Michael Lorenz, Antonio Salieri's Early Years in Vienna, http://michaelorenz.blogspot.com/2013/03/antonio-salieris-early-years-in-vienna.html (letzter Zugriff: 04.12.2024).
12. Scheutz, Italiener (wie Anm. 8), S. 230.
13. Rudolph Angermüller, Antonio Salieri. Dokumente seines Lebens, 3 Bde., Bad Honnef 2000, Bd. 1, S. 110 und S. 172.
14. Marion Dotter, Zwischen Oberitalien und Wien. Die Migration und Transformation italienischer Kaufleute in Wien in der ersten Hälfte des 18. Jahrhunderts, in: Römische Historische Mitteilungen 59 (2017), S. 15–50, hier S. 37.
15. Zitiert nach: Timo Jouko Herrmann, Antonio Salieri und seine deutschsprachigen Werke für das Musiktheater, Leipzig 2015, S. 6.
16. Zitiert nach: Angermüller, Salieri (wie Anm. 13), Bd. 3, S. 335.

17 Schillers Briefwechsel mit Körner. Von 1784 bis zum Tode Schillers. Vierter Teil: 1797–1805, Berlin 1847, S. 32–34, hier S. 33.
18 Angermüller, Salieri (wie Anm. 13), Bd. 2, S. 436 f.
19 Ebd., Bd. 1, S. 204 [Übers. vom Autor].
20 Ebd., Bd. 1, S. 205 [Übers. vom Autor].
21 Mosel, Anton Salieri (wie Anm. 1), S. 72.
22 Steidl, Auf nach Wien (wie Anm. 4), S. 137–144.
23 Angermüller, Salieri (wie Anm. 13), Bd. 3, S. 104 f. [Übers. vom Autor].
24 Ebd.
25 Antonio Salieri, *Falstaff*, Partiturautograph, ÖNB, Mus.Hs.4489, fol. 33ʳ.
26 Mosel, Anton Salieri (wie Anm. 1), S. 173. Vgl. auch John A. Rice, Antonio Salieri and Viennese Opera, Chicago 1998, S. 596 f.

Salieri, erinnert

1 Volkmar Braunbehrens, Salieri. Ein Musiker im Schatten Mozarts? Eine Biographie, München 1992.
2 Peter Shaffer, Amadeus, Frankfurt am Main 1982, S. 126, zitiert nach: Braunbehrens, Salieri (wie Anm. 1), S. 20.
3 Franz [Xaver] Niemetschek, Leben des K. K. Kapellmeisters Wolfgang Gottlieb Mozart, nach Originalquellen beschrieben, Prag 1798, S. 22.
4 Ebd., S. 25.
5 Michael Kelly, Reminiscences of Michael Kelly, of the King's Theatre, and Theatre Royal Drury Lane […], Second Edition, Bd. 1, London 1826, S. 254.
6 Vgl. dazu Christoph Wolff, „Vor der Pforte meines Glückes". Mozart im Dienst des Kaisers (1788–1791), Kassel 2013, S. 44 f.
7 Leopold Mozart an seine Tochter, 28. April 1786, in: Mozart. Briefe und Aufzeichnungen. Gesamtausgabe, hg. von der Internationalen Stiftung Mozarteum Salzburg, Band III: 1780–1786, Kassel 2005, S. 534–537, hier S. 536.
8 Wolfgang Amadé Mozart an Erzherzog Franz von Österreich (Entwurf), Mai 1790, in: Mozart. Briefe und Aufzeichnungen (wie Anm. 7), Band IV: 1787–1857, Kassel 2005, S. 107.
9 Vgl. dazu Wolff, Mozart (wie Anm. 6), S. 46 f.
10 Ebd., S. 50 f.
11 Lorenzo Da Ponte, Memorie di Lorenzo Da Ponte, da Ceneda, 2. korrigierte, mit Anmerkungen und um einen Band vermehrte Ausgabe, 3 Bde., 1. Band, Teil 2, New York 1829, S. 42.

12 Ebd., S. 135. Die Übersetzung zitiert nach Reinhard Eisendle, Theresa Haigermoser, Il fratello perduto. Salieri in den *Memorie* des Lorenzo Da Ponte, in: Herbert Lachmayer u. a. (Hg.), Salieri sulle tracce di Mozart, Ausstellungskatalog zur Wiedereröffnung der Mailänder Scala im Dezember 2004, Kassel 2004, S. 115–122, hier S. 121.

13 Ebd., S. 120 [Übers. vom Autor]. Es handelt sich um eine Briefbeilage vom Mai 1791.

14 Anselm Hüttenbrenners Erinnerungen an Franz Schubert, hg. von Otto Erich Deutsch, in: Jahrbuch der Grillparzer-Gesellschaft 16 (1906), S. 99–163, hier S. 142 (Brief an Ferdinand Luib vom 7. März 1858).

Biographien der Autor:innen

Patrick Boenke studierte Musikwissenschaft und Musiktheorie in Wien und promovierte mit einer Arbeit über die späten Werke Franz Liszts. Er unterrichtet an der Universität für Musik und darstellende Kunst Wien sowie am Institut für Musikwissenschaft der Universität Wien. Der Schwerpunkt seiner Lehre liegt im Bereich Musiktheorie, Geschichte der Musiktheorie sowie Analyse nach Heinrich Schenker. Sein Forschungsinteresse gilt primär der Kompositionsgeschichte des 19. und 20. Jahrhunderts, der Geschichte der Musiktheorie vom 18. Jahrhundert bis in die gegenwärtige Zeit sowie methodologischen Fragen der musikalischen Analyse.

Markus Böggemann ist Professor für Musikwissenschaft mit Schwerpunkt Analyse an der Universität für Musik und darstellende Kunst Wien. Er studierte Schulmusik, Musikwissenschaft, Geschichte und Philosophie in Berlin, promovierte über den musikalischen Expressionismus Arnold Schönbergs und lehrte u. a. in Berlin, London, Kassel und Göttingen. Er publizierte zur Musik und Kultur der Wiener Moderne, zu kulturwissenschaftlichen und musikanalytischen Fragestellungen sowie zur zeitgenössischen Musik.

Tina Breckwoldt studierte in Freiburg, Cambridge und Oxford Altorientalistik, Ur- und Frühgeschichte und Sprachen und wurde in Cambridge promoviert. Seit über 20 Jahren ist sie bei den Wiener Sängerknaben für Dramaturgie, Recherche und PR zuständig. Sie schreibt Opernlibretti, Lied- und Filmtexte, Einträge für Wörterbücher sowie Sachbücher über geschichtliche und musikalische Themen. Zuletzt erschien von ihr bei Böhlau *Ein Chor erobert die Welt* (2023).

Scott L. Edwards ist Assistenzprofessor für Musikwissenschaft an der Universität für Musik und darstellende Kunst Wien. Sein Forschungsschwerpunkt liegt auf der Musik in Mitteleuropa vom 16. bis zum 18. Jahrhundert und ihren

Überschneidungen mit Kulturgeschichte, Buchkultur, Linguistik und Migration. Er promovierte 2012 an der University of California, Berkeley und war Fellow am Department of Music der Harvard University. Er ist Mitherausgeber der ersten vier Bände der *New Senfl Edition* (Sämtliche Werke von Ludwig Senfl).

Die in Wien geborene Sängerin und Musikwissenschaftlerin Judith Kopecky lehrt als Professorin für Gesang an der Universität für Musik und darstellende Kunst Wien und leitet das dortige Antonio Salieri Institut für Gesang und Stimmforschung in der Musikpädagogik. Ihre Forschungsschwerpunkte sind österreichische Liedkompositionen der Zwischenkriegszeit, Exilkomponist:innen sowie Lied und Gender.

Benedikt Lodes studierte Musikwissenschaft an der Universität Wien (Magisterium 2008, Promotion 2012) und absolvierte 2011 den Universitätslehrgang Library and Information Studies. Ab 2009 war er Leiter der Fachbereichsbibliothek Musikwissenschaft an der Universitätsbibliothek Wien, seit 2021 ist er Direktor der Musiksammlung der Österreichischen Nationalbibliothek. Neben seiner Dissertation zum Entstehungsprozess von Beethovens 6. Sinfonie hat er Beiträge zum Bibliothekswesen, zu Gedächtnisinstitutionen sowie zu den Beständen der Musiksammlung der ÖNB veröffentlicht.

Christoph Ulrich Meier studierte Liedbegleitung bei Norman Shetler sowie Dirigieren an der Musikhochschule Würzburg. 1993 wurde er Assistent von Daniel Barenboim an der Staatsoper Unter den Linden Berlin. Seit 1992 ist er bei den Bayreuther Festspielen tätig, zunächst als Studienleiter und Assistent von Daniel Barenboim, James Levine und Giuseppe Sinopoli; 2008 wurde er dort zum Musikalischen Supervisor ernannt. Seit 2010 bekleidet er eine Professur für Musikalische Interpretation an der Universität für Musik und darstellende Kunst Wien.

Personenregister

A
Abraham, Fahrid Murray 25
Albrechtsberger, Johann Georg 92, 93, 97, 100
Assmayr (Aßmayr, Aßmayer), Ignaz 66
Auber, Daniel-François-Esprit 71
Auenbrugger, Franziska 115
Auenbrugger, Leopold 14, 112, 114, 116
Auenbrugger, Marianne 91, 115

B
Bach, Carl Philipp Emanuel 79
Bassi, Calisto 22
Beaumarchais, Pierre-Augustin Caron de 15, 16
Beethoven, Ludwig van 18, 22, 27, 36, 41, 49, 50, 61, 77, 78, 91, 92, 100, 101, 129
Berlioz, Hector 135
Berner, Friedrich Wilhelm 82
Bianchi, Francesco 49
Birken, Sigmund von 54
Bizet, Georges 81
Boccherini, Gaston 12, 13
Bonaparte, Napoleon 129
Bonno, Giuseppe 14, 17, 38
Brahms, Johannes 78
Braunbehrens, Volkmar 121

C
Cagliostro, Alessandro 46
Caldara, Antonio 36
Calveri, N.N. (Herr Calveri) 68
Calvesi, Vincenzo 56
Calzabigi, Ranieri de' 12
Canzi, Katharina (Katharina Kanz, Katharina Wallbach-Canzi) 66
Casanova, Giacomo 44
Casti, Giovanni Battista 43, 45, 46, 48, 49, 59
Cavalieri, Caterina 18, 66, 67, 68, 114, 115, 127, 136
Chateaubriand, François-René 54
Cherubini, Luigi 81, 89
Choderlos de Laclos, Pierre-Ambroise-François 49
Cicimarra, Giuseppe 69
Corelli, Arcangelo 79, 80
Cornega, Anna (Nina) 66
Cornet, Julius 67, 70, 71, 72
Cornetti, N.N. (Herr) 45
Cramer, Carl Friedrich 111
Czerny, Carl 18, 101

D
Da Ponte, Lorenzo 17, 44, 45, 46, 47, 50, 51, 53, 54, 55, 56, 57 58, 59, 125, 126, 127, 128
Diabelli, Anton 101
Doblhoff-Dier, Karl von 66

E
Eybler, Joseph 18, 80

F
Falco 25
Ferrarese del Bene, Adriana 55, 56
Flamm, Maria Antonia Juliana 66
Forman, Miloš 21, 25

148 Personenregister

Franchetti, Fortunata (Fortuna Franchetti-Walzel) 66
Franz II./I., Kaiser 80
Franz, Erzherzog 125
Freytag, Ignaz von 65
Fröhlich, N.N. (Herr) 66
Fux, Johann Joseph 29, 92, 93, 96, 97, 129

G
Galiani, Ferdinando 54
Gassmann, Florian Leopold 10, 11, 12, 13, 14, 18, 19, 29, 62, 63, 64, 92, 93, 102, 103, 105, 106, 109, 114, 129
Gassmann, Maria Anna (Anna Fux-Gassmann) 18, 63, 66
Gassmann, Therese (Therese Rosenbaum-Gassmann) 18, 63, 64, 66
Gluck, Christoph Willibald 11, 13, 14, 15, 19, 20, 29, 46, 47, 89, 129
Goethe, Johann Caspar 54
Goethe, Johann Wolfgang von 54, 91
Grétry, André-Ernest-Modeste 81
Griesinger, Georg August 110

H
Hähnel, Amalie 65, 66, 67, 68, 69, 70
Händel, Georg Friedrich 85
Hasse, Johann Adolf 11
Haugwitz, Heinrich Wilhelm von 39
Haydn, Joseph 21, 27, 28, 110, 122
Haydn, Michael 122
Helferstorfer, Theresia 19, 20, 108
Hofmann, Leopold 122
Horaz 9
Hummel, Johann Nepomuk 18, 61, 66, 91
Hüttenbrenner, Anselm 91, 92, 94, 96, 128, 129

J
Joseph II. 11, 13, 14, 15, 16, 17, 20, 30, 43, 50, 62, 68, 103, 104, 106, 111, 112, 124

K
Katschirek, N.N. (Herr) 82
Kavalier, Joseph Carl 67
Kelly, Michael 123
Klieber, Therese 66, 82
Körner, Christian Gottfried 110
Koželuh, Jan Antonín 10
Koželuh, Leopold 82
Kraus-Wranitzky, Katharina Anna 64

L
Leopold, Kaiser 127
Liszt, Franz 18, 65, 66, 91, 101, 102, 129
Lotti, N.N. (Herr) 66

M
Mann, Alfred 96
Marais, Marin 79
Maria Theresia 14, 135
Marie Antoinette 16
Marie Therese 80
Martines, Marianna 105, 122
Martini, Giovanni Battista 10, 92
Martín y Soler, Vicente 49, 50, 122
Mathes, N.N. von (Madame) 66
Mazzolà, Caterino 43, 44, 126, 127
Meraglio, Basilio (Abbate) 66
Mesmer, Franz Anton 46
Metastasio, Pietro 11, 12, 98, 99, 101, 103, 105, 114
Meyerbeer, Giacomo 61, 91
Milani, N.N. (Demoiselle) 66
Mocenigo, Giovanni 10, 105
Moscheles, Ignaz 18, 22, 66, 91
Mosel, Ignaz von 9, 62, 64, 85, 104, 105, 110, 119
Mozart, Constanze 22, 47, 48
Mozart, Franz Xaver Wolfgang 18, 47
Mozart, Leopold 124
Mozart, Wolfgang Amadé 14, 21, 22, 27, 40, 43, 45, 46, 47, 49, 51, 53, 54, 55, 56,

57, 58, 59, 64, 65, 68, 72, 77, 84, 85, 121,
122, 123, 125, 126, 129
Mozatti, Joseph 65, 66

N
Neukomm, Sigismund 82
Niemetschek, Franz Xaver 123
Novello, Mary 47, 48
Novello, Vincent 47, 48

P
Pacini, Ferdinando 10, 62
Paër, Ferdinando 102
Palestrina, Giovanni Pierluigi da 93
Pescetti, Giovanni Battista 10, 92
Petrosellini, Giuseppe 56
Platzer, N.N. (Herr) 66
Polledro, Giovanni Battista 82
Puschkin, Alexander 22

R
Ravel, Maurice 81
Reicha, Anton 91, 102
Reutter, Georg von 36
Rimskij-Korsakov, Nikolaj 23
Rochlitz, (Johann) Friedrich 21, 28, 29, 31, 110
Rokitansky, Victor Freiherr von 65
Ronge, Julia 100
Rossini, Gioachino 70, 71, 72, 82

S
Salieri, Anna Maria 10
Salieri, Francesco Antonio 10, 92, 109
Salieri, Pietro 10, 109
Salzmann, Karl Gottfried (?) 66
Sannazaro, Jacopo 54
Scarlatti, Giuseppe 13
Schiller, Friedrich von 49, 110
Schubert, Franz 17, 18, 19, 61, 65, 66, 91, 92, 96, 97, 98, 99, 100, 101, 129
Schütz, N.N. (Madame) 66

Sechter, Simon 91
Seidler-Wranitzky, Caroline 64
Seipelt, Joseph 67, 72, 73, 74
Seyfried, Joseph Ritter von 72
Shaffer, Peter 21, 121
Shakespeare, William 116
Siebert, N.N. (Demoiselle) 70
Simoni, Giuseppe 10, 92
Simoni, N.N. (Herr) 82
Simpson, Bart 25
Simpson, Lisa 25
Sonnleithner, Joseph 49
Starzer, Josef 122
Storace, Nancy 22, 23, 45
Stuntz (Stunz), Joseph Hartmann 66
Süßmayr, Franz Xaver 18, 91

T
Talleyrand-Périgord, Charles-Maurice de 128, 129, 130
Tarchi, Angelo 55
Tartini, Giuseppe 92
Teyber, Therese 66, 82
Tomeoni, Irene 116, 117
Trauttmansdorff-Weinsberg, Ferdinand Fürst von 18

U
Umlauf, Ignaz 122
Unger, Caroline 65

V
Vivaldi, Antonio 79

W
Wagner, Richard 50
Weigl, Josef 66
Weiß (Weis), Marie (Marie Freiin von Rokitansky, geb. Weis) 66
Weis von Ostborn, Josef Ritter 65
Wiser, Siegfried 110
Wranitzky, Anton (Sohn) 64, 82